Ernest LAROCHE

BORDEAUX
D'HIER ET D'AUJOURD'HUI

Préface d'Armand Silvestre

DESSINS
DE SEM, MÉJANEL, G. ROCHEGROSSE, MYRBACH,
LUCAS ET JANNIOT

4ᵉ ÉDITION

G. GOUNOUILHOU
IMPRIMEUR-ÉDITEUR
1896

11, Rue Guiraude, 11
BORDEAUX

FABRIQUE DE MOBILIERS ET ORNEMENTS D'ÉGLISE
Industrie locale fondée en 1835.

Victor LAMBINET

Place Pey-Berland, 19, BORDEAUX

CADEAUX DE MARIAGE, FÊTES ET PREMIÈRE COMMUNION
Chapelets, Crucifix, Médailles, Bénitiers, Statues, Livres de Piété, etc.

PRIX DE FABRIQUE DÉFIANT TOUTE CONCURRENCE
Envoi d'échantillons sur demande.

Bordeaux
D'HIER ET D'AUJOURD'HUI

DU MÊME AUTEUR

Le Livre d'or des Sapeurs-Pompiers de Bordeaux, notice historique et biographique, 1800-1889 (Épuisé).

Le Livre utile *(Manuel populaire)*, 5ᵉ édition.

Contes et Nouvelles, préface de Catulle Mendès.

A travers le vieux Bordeaux, illustré (3 éditions de luxe. Épuisé), préface d'Aurélien Scholl.

Pour passer le temps, chroniques, nouvelles, poésies; illustré; préface d'Ernest Toulouze.

EN PRÉPARATION

Bordeaux à travers les âges, illustré.

Douleur d'aimer (roman), préface de Marcel Prévost.

A bas le Pouvoir! (chansons populaires satiriques et politiques, de 1600 à 1800).

Ernest LAROCHE

BORDEAUX

D'HIER ET D'AUJOURD'HUI

PRÉFACE D'ARMAND SILVESTRE

DESSINS

DE SEM, MÉJANEL, G. ROCHEGROSSE, MYRBACH
LUCAS, JANNIOT

BORDEAUX

G. GOUNOUILHOU, ÉDITEUR

11, rue Guiraude, 11

1896

Aux Bordelais

de Bordeaux

Préface

En me confiant l'honneur de présenter au public une œuvre qui se recommandait si bien, elle-même, par son intérêt propre, l'auteur de ce livre a fait, tout ensemble, preuve de modestie et de bonne confraternité. Lorsque tant d'autres auraient pu, mieux que moi, goûter et faire goûter au public son érudition, il a pensé que nul ne serait plus heureux que moi de parler de Bordeaux où je compte de vraies amitiés, d'où j'ai emporté de fidèles souvenirs. C'est ce dont je le remercie.

Après Ausone, après Chapelle, après Théophile Gautier, mon maître, je ne me permettrai pas une digression descriptive qui cependant violemment me tente. Car, moi aussi, j'ai toujours ressenti une impression profonde en franchissant le grand fleuve girondin aux mâtures immobiles, dont une rive à perte de vue emplit les regards de sa splendeur décorative, et jamais je n'ai mis le pied sans émotion sur ce pavé que foulent des femmes d'une beauté si complète, d'une si constante séduction. Mon dernier voyage coïncidait avec les derniers apprêts de l'Exposition, à peine ouverte, et j'en emportai une vision de grande ville et de grande *vitalité qui est demeurée dans mon esprit autant que dans mes yeux. Avec une vraie joie, j'y ai constaté un mouvement artistique qui manquait à la dernière de ces exhibitions qu'il m'avait été donné de voir, il y a bien des années déjà, et où le côté industriel et commercial dominait tous les autres. Dans une circonstance récente encore, à la distribution des prix de l'École des beaux-arts de Bordeaux, j'avais constaté le dévouement de la Municipalité actuelle aux nobles préoccupations de l'Art et de la Pensée.*

Bordeaux d'hier et d'aujourd'hui vient vraiment à son heure, après cette magnifique manifestation qui, sur la grande cité, a appelé l'attention et l'admiration du monde entier. Le précis historique qui en emplit les premières pages donne vraiment la clef du caractère tout à fait original d'une population à laquelle nulle autre du Midi ne ressemble, la seule assurément de notre territoire où le nom des Anglais ne soit en horreur, ce qui prouve à quel point les conquérants sont sages en se montrant humains. Mais à ce sentiment de reconnaissance lointaine pour un étranger qui fut fraternel jadis, quel patriotisme vibrant, aux heures difficiles, exhala l'immortelle patrie des Girondins, à qui enfin un monument grandiose va assurer leur part de gloire dans la légende de la Révolution!

Mais M. Ernest Laroche ne s'attarde pas à cette série d'événements qui a mêlé Bordeaux à la légende mouvementée de la France. Bien vite il arrive à la partie certainement la plus captivante de son livre, celle qui décrit les mœurs et les coutumes successivement en honneur dans une ville à laquelle le meilleur des vins et le plus aimable dès climats versaient des torrents de gaieté. On y voit que Bordeaux, dont Gautier avait trouvé l'aspect mélancolique, en comparant plusieurs de ses monuments à ceux qui font la splendeur attristée de Versailles, a été tout simplement et tout naturellement une des plus joyeuses villes de notre territoire. Quelle vivante image des Saturnales et quelle évocation puissamment païenne que cette fête des Fous où laïques et clercs s'associaient pour les plus étranges sacrilèges, en un débordement d'irrespectueuse gaieté pour tout ce qui était sacré durant tout le reste de l'année, transformant les cathédrales en lieux d'orgie et profanant à l'envi l'objet de toutes les piétés populaires! Et cette fête de l'Ane qui venait six jours après, à l'Épiphanie, et témoignait d'un symbolisme dont nos décadents eux-mêmes seraient aujourd'hui épouvantés! Que pensez-vous de cette messe où les amen étaient remplacés par des hi-han? Puis voici le carnaval avec le bœuf viellé qu'on conduit aux sons de la musique; Carême-Prenant, enfin, qui évoque l'image de la Mort promenant sa faux égalitaire sur tous les fronts.

Charmantes aussi de pittoresque les pages consacrées aux plaisirs qui durent toute l'année et aux origines d'un théâtre qui est toujours demeuré bien dans le goût des habitants. Car Bordeaux est certainement aujourd'hui la ville de France où le théâtre tient encore le plus de place. Les premières pantomimes, sous le nom d'Entremets, ouvrent la voie aux Mystères qui, nulle part, ne jouirent d'un plus grand éclat, résumés dans cette auguste trilogie de la Passion que ressusciteront de nos jours les efforts de deux poètes contemporains : Edmond de Harancourt et

Charles Grandmougin. Tant il est vrai que nul drame ne tient plus profondément aux entrailles de l'Humanité que celui qui eut son dénouement sur la cime sanglante du Calvaire. A Bordeaux, les Confréries qui s'organisaient en troupes pour ces représentations paraissent avoir joui d'un crédit particulier. A Bordeaux en effet, plus que partout ailleurs, on est obligé de reconnaître que le catholicisme, édificateur d'admirables églises, fut le vrai conservateur du génie païen dont tout sentiment d'art est fatalement empreint. Car, depuis l'origine du monde, il faut convenir que l'Art vit de l'idolâtrie, et qu'il nous est impossible de le concevoir en dehors de la légende des dieux. Voyez plutôt le retour qu'y fit Richard Wagner pour sa grande révolution musicale.

Et les basochiens bordelais qui comptèrent dans leurs rangs Clément Marot! Assurément ils méritaient un souvenir, et l'auteur ne le leur a pas marchandé. Un goût de faste et de richesse caractérise toutes les fêtes bordelaises d'antan. Voyez plutôt les Fêtes roulantes, qui promenaient, par les rues magnifiquement ornées, la splendeur de chars symboliques, comme les empereurs romains les mêlaient à leurs cortèges triomphaux. Jamais le vin, gloire du pays, n'était oublié dans ces splendides mascarades que présidait l'image auguste de Bacchus, autrefois charmeur de panthères et porteur du thyrse d'or. Au moment où Tabarin ressuscite à Paris, sur de mondains tréteaux, il convient de rappeler encore que Brioché et son singe Fagotin, lequel mourut d'un coup d'épée comme un bon gentilhomme, eurent leurs lettres de cité à Bordeaux.

L'ouvrage de M. Ernest Laroche se continue par un précis historique de nombreuses rues et places et des quais de Bordeaux. L'ombre du grand de Tourny domine cette nomenclature savamment documentée. Je ne tenterai pas de le suivre à travers la ville que bordent les plus belles avenues du monde, poussant jusqu'aux rives du fleuve grandiose leurs séculaires frondaisons. Je n'y saurais trouver cependant un guide plus sûr et de meilleure érudition. Mais je me ferais un scrupule de retarder davantage le plaisir du lecteur, à qui je n'ai voulu qu'indiquer la source de plaisir et d'intérêt où il m'a été donné de puiser le premier.

Certes, il y a un grand chemin parcouru depuis le Bordeaux d'hier, et de plus loin encore, et le Bordeaux d'aujourd'hui. Le premier fut d'une exubérance dans le plaisir qui s'est certainement assagie. Un moment, à la fin de l'Empire, si mes impressions ne me trompent pas, a-t-on pu craindre un Bordeaux purement producteur et commercial, spéculateur et ayant le seul caducée pour sceptre, enlacé de vigne il est vrai, et secouant dans l'air la saine odeur des vendanges. Mais une exquisité des goûts chez une race complexe, et par cela même très affinée en toutes choses, devait ramener, un jour ou l'autre, un réveil artistique, dans une grande cité gardienne de certaines traditions de beauté antique que le type persistant des femmes ne lui a pas permis d'oublier. Car c'est là que demeure le secret de la pureté des origines, dans la pérennité des modèles vivants qui ne laissent pas le goût s'avilir.

Cette préoccupation plastique a été très visible dans cer

taines parties de l'Exposition qui vient à peine de se fermer. Elle ne saurait manquer d'entraîner, à sa suite, un petit mouvement littéraire dont quelques volumes de vers heureux — telle la colombe de l'arche — nous ont apporté le présage.

En attendant, voici un beau et utile livre, écrit d'un bon style et bien français, non pas d'un intérêt local seulement, mais fait pour intéresser tous ceux qui ont l'amour de la France. L'auteur m'avait prié de lui souhaiter publiquement la bienvenue. C'est fait, et je serais vraiment prophète à bon marché en lui prédisant le succès.

ARMAND SILVESTRE.

10 janvier 1896.

AUX LECTEURS

Comme on pourra le voir, les nouvelles pages d'histoire anecdotique locale que je présente aujourd'hui — les premières d'une série dont le plan est arrêté depuis longtemps — constituent en quelque sorte une suite au volume paru voilà quatre années sous le titre : *A travers le vieux Bordeaux*.

L'accueil bienveillant que reçut alors de toute part cet ouvrage m'a engagé à poursuivre avec plus de courage et de persévérance mes études, mes recherches sur les gens et les choses du passé; il m'est aussi presque un garant de la réussite flatteuse qui attend le petit livre que je soumets à votre appréciation et que je vous dédie, — en témoignage de sympathique gratitude, — mes chers concitoyens.

E. L.

BORDEAUX, 1er janvier 1896.

Bordeaux
D'HIER ET D'AUJOURD'HUI

PREMIÈRE PARTIE

QUELQUES PAGES D'HISTOIRE LOCALE

Avant de donner mes études inédites sur les mœurs, les usages, les réjouissances et fêtes de Bordeaux, du moyen âge au XVIIIe siècle, j'ai tenu à présenter aux lecteurs de ce livre quelques pages d'histoire locale, — histoire politique, économique, archéologique. Il y a là bien des faits oubliés que l'on se remémorera avec plaisir, quelques événements ignorés ou imprécis jusqu'ici que l'on connaîtra — peut-être — avec intérêt.

⁎

Bien souvent Bordeaux — ce m'est une joie de le constater — a su fixer l'attention des voyageurs illustres ou simplement connus. Beaucoup, parmi ceux-ci, lui ont consacré des lignes flatteuses.

Mais avant ces admirateurs de passage, qu'il me soit permis de citer le tableau plein de lignes majestueuses que le poète Ausone, dès le IVe siècle, a tracé de sa ville natale :

« Bordeaux est le lieu qui m'a vu naître, Bordeaux où le
» ciel est clément, où la terre fécondée par l'humidité pro-
» digue ses largesses, où sont les longs printemps, les
» rapides hivers et les coteaux chargés de feuillage. Son
» fleuve qui bouillonne, imite le reflux des mers. L'enceinte
» carrée de ses murailles élève si haut ses tours altières, que
» leurs sommets aériens percent les nues. On admire au
» dedans les rues qui se croisent, les maisons bien alignées,
» et la largeur des places ; puis les portes qui répondent
» en ligne directe aux carrefours, et au milieu de la ville, le
» lit d'un fleuve alimenté par des fontaines. Lorsque le père
» Océan l'emplit de son reflux, on voit la mer tout entière
» s'avancer avec ses flottes. »

A part les hautes murailles, dont il ne reste aucun vestige... et aussi le passage relatif à la température, — les « longs printemps » rendent rêveurs ! — on pourrait croire ce tableau signé d'hier.

Après ces lignes d'Ausone, je ne citerai que deux éloges imprimés en l'honneur de notre ville, cela parce qu'ils sont traités d'une façon pittoresque et qu'ils procèdent de sentiments différents. L'un est signé Chapelle et Bachaumont et date du XVIIe siècle ; l'autre date de 1840 et a été peint par Théophile Gautier :

Dans leurs *Voyages amusants*, Chapelle et Bachaumont parlent en effet de Bordeaux et de sa foire qu'ils eurent la bonne fortune de trouver ouverte durant le séjour qu'ils firent chez l'intendant Tallemant. Ils expriment d'abord leur admiration à l'aspect des nombreux navires qui se balancent dans le port.

« La Garonne est effectivement si large, écrivent-ils,
» depuis qu'au Bec d'Ambès elle est jointe avec la Dor-
» dogne, qu'elle ressemble tout à fait à la mer, et ses

» marées montent avec tant d'impétuosité, qu'en moins de
» quatre heures nous fîmes le trajet ordinaire.

» Et vîmes au milieu des eaux,
» Devant nous paraître Bordeaux,
» Dont le port en croissant resserre
» Plus de barques et de vaisseaux
» Qu'aucun autre lieu de la terre.

» Sans mentir, la rivière était alors si couverte, que notre
» felouque eut bien de la peine à trouver une place pour
» aborder. La foire qui devait se tenir dans peu de jours
» avait attiré cette grande quantité de navires et de mar-
» chands quasi de toutes les nations pour charger des vins
» de ce pays.

» Car ce fameux et rude port,
» En cette saison a la gloire
» De donner tous les ans à boire
» A presque tous les gens du Nord.

» Ces messieurs emportent tous les ans de là une
» effroyable quantité de vins; mais ils n'emportent pas les
» meilleurs. On les traite d'Allemands, et nous apprîmes
» qu'il était défendu non seulement de leur en vendre pour
» enlever, mais encore de leur en laisser boire dans les
» cabarets. »

Il n'y a qu'une ombre dans ce tableau, d'ailleurs mouvementé et riant : c'est la position humiliée qu'y occupent les étrangers. On leur refuse le vin de l'hospitalité. Vieilles mœurs capables de plaire aux protectionnistes, qui ne sont pas les mœurs des Bordelais d'aujourd'hui.

*

Autre est l'impression produite sur Théophile Gautier par Bordeaux, il y a cinquante ans, impression de grandeur mais de tristesse, plus poétique que réelle. Je reproduis cette page du grand styliste plutôt pour sa valeur littéraire que pour l'exactitude de ses détails.

Voici de quelle façon s'exprime Gautier :

« Bordeaux a beaucoup de ressemblance avec Versailles
» pour le goût des bâtiments; on voit qu'on a été préoccupé
» de cette idée de dépasser Paris en grandeur; les rues sont
» plus larges, les maisons plus vastes, les appartements plus
» hauts. Le Théâtre a des dimensions énormes : c'est l'Odéon
» fondu dans la Bourse. Mais les habitants ont de la peine
» à remplir leur ville; ils font tout ce qu'ils peuvent pour
» paraître nombreux; mais toute leur turbulence méridio-
» nale ne suffit pas à meubler ces bâtisses disproportionnées;
» ces hautes fenêtres ont rarement des rideaux, et l'herbe
» croît mélancoliquement dans ces immenses cours. Ce qui
» anime la ville, ce sont les grisettes et les femmes du
» peuple : elles sont réellement très jolies. Presque toutes
» ont le nez droit, les joues sans pommettes, de grands yeux
» noirs dans un ovale pâle d'un effet charmant. Leur coiffure
» est très originale : elle se compose d'un madras de cou-
» leurs éclatantes, posé à la façon des créoles, très en
» arrière, et contenant des cheveux qui tombent sur la
» nuque; le reste de l'ajustement consiste en un grand
» châle droit qui tombe jusqu'aux talons, et une robe d'in-
» dienne à longs plis. Les femmes ont la démarche alerte
» et vive, la taille souple et cambrée, naturellement fine.
» Elles portent sur la tête des paquets, des paniers, et des
» cruches d'eau qui, par parenthèse, sont d'une forme très
» élégante. Avec leur amphore sur la tête, leur costume à
» plis droits, on les prendrait pour des filles grecques ou des
» princesses Nausicaas allant à la fontaine. »

Théophile Gautier a dû visiter Bordeaux un jour de canicule, où la ville avait été désertée par la moitié de la population. En tous cas, nous pouvons constater que si l'impression de Gautier était juste en 1840, il n'en serait pas de même aujourd'hui. Le chiffre de la population s'est plus que doublé; la dernière grisette à madras est morte hier, octogénaire.

***

Les historiens ne s'accordent pas sur les origines de Bordeaux; il en est de même pour toutes les grandes villes. Strabon est le premier qui fasse mention de Burdigala. La mesure de l'ancienne Burdigala est prouvée par les mesures de route de la table de Peutinger et de l'*Itinéraire* d'Antonin.

Depuis César qui s'en empara, les Romains possédèrent et occupèrent Bordeaux jusqu'en 418 de notre ère, où cette ville tomba en la puissance des Wisigoths à la suite d'un traité conclu entre ceux-ci et l'empereur Honorius. Durant cette longue domination de quatre siècles, les Romains démolirent complètement Bordeaux, afin de la rebâtir d'après les plans des architectes latins. Les seuls vestiges de la domination romaine qui subsistent encore sont quelques statues retrouvées à la suite de fouilles, et les ruines d'un édifice, le Palais Gallien, construit sous l'empereur dont il porte le nom, pour servir aux jeux du cirque.

L'invasion des Barbares fit disparaître cette antique splendeur. Les Wisigoths furent les premiers possesseurs barbares de Bordeaux, qu'ils gardèrent à peu près un siècle; et après la bataille de Vouillé gagnée sur Alaric, roi des Wisigoths, en 509, par Clovis, la capitale de l'Aquitaine tomba au pouvoir des Francs. Clovis, qui avait fait son entrée dans Bordeaux sans grande majesté, s'occupa avec l'ardeur d'un néophite à relever les églises détruites par les Wisigoths, tous ariens. La foi chrétienne avait été prêchée à Bordeaux en l'an 252 par saint Martial.

Plus tard, l'Aquitaine fut soumise à des ducs. L'un d'eux,

Eudes, en lutte avec les Francs, appela en 729 les Sarrasins à son secours. Ceux-ci, sous la conduite de leur roi Abdérame, y brûlèrent toutes les églises et ravagèrent toute la province.

Mais là ne s'arrêtèrent pas les dévastations que les Bordelais eurent à subir. Les Normands, voyant cette ville riche déjà et si bien située près de l'embouchure d'un fleuve, s'en emparèrent et la détruisirent de nouveau; et ce n'est qu'à partir du xe siècle que les malheureux habitants purent respirer sous le paisible gouvernement des ducs de Gascogne. Ceux-ci appelèrent de nouveaux habitants à Bordeaux et firent reconstruire les monuments dans le goût barbare de l'époque.

Ici, nous arrivons, dans notre marche rapide à travers les siècles, à l'une des dates les plus importantes de l'histoire de notre cité. Je veux parler de son passage sous les lois de l'Angleterre. On sait que cet événement fut le corollaire du mariage d'Éléonore, l'héritière de Guyenne, avec Henri Plantagenet, duc d'Anjou, devenu depuis roi d'Angleterre.

Peu de choses à dire du gouvernement des Anglais en Guyenne et à Bordeaux. Leur administration fut paternelle, le gantelet de fer des Plantagenets pesa assez légèrement sur les Bordelais. Aussi ces derniers regrettèrent-ils longtemps leurs anciens souverains après leur conquête par les Français. Je dois me borner seulement à citer quelques statuts gardés étroitement et observés à Bordeaux durant toute la domination anglaise.

Je reproduis textuellement :

1° « Le mari lequel transporté de colère ou de l'impa-
» tience de la douleur, comme communément les conseils

» des Français sont prompts et soudains, tue la femme (en
» adultère), pourvu que solennellement il jure en être de
» bon cœur repentant, il sera exempt de toute peine.

2° » L'homme et la femme surpris en adultère seront
» attachés et traînés tout nus par la ville.

3° » Les noces se feront au grand jour et non la nuit.

4° » Qu'il ne sera loisible en noces et funérailles outre-
» passer les frais et impenses prescrits par les lois munici-
» pales, sans toutefois que par la modération des dits frais,
» il soit en rien dérogé à ce qui est de la piété. »

Tout le moyen âge est là, et aussi un peu le caractère héréditaire et transmissible des Bordelais : glorieux et aimable.

Je ne tirerai de la guerre de Cent Ans que les faits et les événements qui ont pu se produire à Bordeaux. En 1355, le prince de Galles, connu sous le nom de Prince Noir, entra dans Bordeaux avec une belle et forte armée, se dirigeant vers le Poitou pour combattre les Français commandés par le roi Jean. Après avoir, selon l'usage, salué saint Seurin et saint Amand, patrons de la ville, il prit sur leur autel, des mains de l'Archevêque, l'épée et l'étendard. Il revint l'année suivante, conduisant prisonnier le roi Jean, qui eut pour prison à Bordeaux les cloîtres de Saint-André.

En 1379 se produisit un fait intéressant qui prouve bien l'état de liberté communale dans lequel vivaient les villes de la Guyenne : la ville de Bourg demanda à entrer en alliance et confédération avec Bordeaux. L'alliance fut conclue sous la condition que Bordeaux, comme capitale, tiendrait le premier rang, ainsi que sur les autres villes de la province. Ce système d'union dura jusqu'au jour où les Anglais furent chassés de Guyenne ; durant les guerres et pour éviter toute surprise, le Maire et les Jurats de Bordeaux veillaient à la sûreté des petites villes de la confédération, en y envoyant quelques-uns de leurs bourgeois pour y commander. C'est de là que les villes de Blaye, Bourg, Libourne, Saint-Émilion, Castillon, Saint-Macaire, Cadillac et Rions ont été appelées *filleules* de Bordeaux.

Pendant cette lamentable guerre de Cent Ans, la ville de Bordeaux ne fut pas trop maltraitée. Elle eut à diverses reprises des spectacles de haut goût, tels que combats solennels entre chevaliers anglais et français. Nous lisons dans la *Chronique* de Delurbe qu'en 1389 cinq chevaliers français et cinq anglais combattirent sur la grande place Saint-André, en présence du duc de Lancastre. C'est vers cette époque, en 1390, que Vital Carles, chantre de l'église Saint-André, fonda l'hôpital qui fut appelé alors hôpital Saint-André et qui n'a jamais perdu son nom, même après sa reconstruction.

Toutes les chroniques de Bordeaux signalent en 1405 un hiver terrible si âpre que la Garonne gela complètement, avec grande perte pour les navires.

En 1411, la peste fait périr plus de quinze mille personnes.

Comme je crois les mœurs des anciens habitants de Bordeaux aussi intéressantes pour les lecteurs que les événements qui ont pu se produire en cette ville, je place sous leurs yeux plusieurs dispositions légales qui furent, vers 1411, prises par l'assemblée générale des bourgeois bordelais. Il fut dans cette assemblée arrêté :

1º Que le débiteur de la ville ne pourrait être élu jurat ;

2º Que les femmes de mauvaise vie et les entremetteuses seraient *marquées* d'habits autres que ceux des honnêtes femmes ;

-3º Que celui qui voudrait faire profession de médecine en la ville, après avoir proposé des thèses médicales, serait tenu de répondre en public, et étant trouvé capable par le jugement des docteurs, de prêter le serment par-devant le Maire et les Jurats.

En 1427, il faut signaler un émouvant fait-divers : un tremblement de terre si violent a lieu à Bordeaux, le jour de la Chandeleur, que la voûte de la grande nef de Saint-André, à l'endroit où sont les orgues, tombe à terre.

Nous touchons au terme de la guerre de Cent Ans et, par suite, de la domination anglaise en Guyenne. En 1451, Charles VII pénétra en Guyenne à la tête de son armée victorieuse et s'empara de Castillon, Saint-Émilion, Libourne, Rions et autres villes des environs de Bordeaux. Conduits par leur Maire, les Bordelais se mirent en campagne pour combattre le roi de France, mais ils furent mis en déroute et perdirent beaucoup de monde.

La ville de Bordeaux, assiégée par Dunois, capitula et se soumit à ce général à d'honorables conditions. Les Bordelais ne gardèrent pas longtemps leur serment de fidélité; ils rappelèrent les Anglais dès l'année suivante. Talbot revint avec une belle armée, mais fut en 1453 battu près de Castillon par l'armée française; il resta lui-même sur le champ de bataille. Bordeaux redevint française, cette fois pour toujours. A partir de ce moment les Anglais furent tenus en suspicion par les magistrats et généraux français; s'ils venaient à Bordeaux pour acheter des vins, ils étaient obligés de s'arrêter à l'entrée du fleuve, à Soulac, jusqu'à ce qu'ils eussent obtenu un sauf-conduit pour entrer dans la ville. Ils ne pouvaient y pénétrer librement qu'après avoir laissé leur artillerie et leurs munitions de guerre à Blaye.

Peu après, afin de maintenir les Bordelais dans l'obéissance, le roi Charles fit bâtir deux châteaux forts, le château Trompette et le fort du Hâ. Louis XI essaya de s'attirer l'affection des Bordelais par d'autres moyens; en 1462, il installa dans la ville un Parlement semblable à celui de Paris. Ce corps de justice reçut le serment des avocats et procureurs; il fut décidé que les sénéchaussées du Bordelais, du Bazadais, du Condomois, de l'Armagnac, de la Saintonge, du Limousin et du Quercy ressortiraient à ce Parlement. Une autre fondation moins importante, mais qui offre cependant de l'intérêt, fut accomplie par le même roi : c'est la fondation de la confrérie de Montuzet en l'honneur de la Vierge Marie, confrérie dont tous les gens faisant métier de navigation devaient faire partie.

L'histoire de Bordeaux sous Charles VIII, Louis XII et François Ier n'offre aucun fait bien saillant. Nous n'avons à signaler que deux passages de François Ier à Bordeaux, puis des pestes périodiques pendant lesquelles le Parlement émigrait à Libourne avec un empressement peu louable. Mais en 1548 nous nous trouvons en présence de la grande émeute causée par la gabelle et qui coûta cher aux Bordelais. Cet impôt nouveau avait le don d'exaspérer les habitants de la Guyenne. Les Bordelais, conduits par quelques mutins, forcèrent l'Hôtel de Ville, s'emparèrent des armes et des munitions, pillèrent plusieurs maisons et enfin massacrèrent le lieutenant du roi, Tristan de Moneins. Les magistrats, surpris d'abord, se réveillèrent et rétablirent l'ordre. Mais le connétable Anne de Montmorency, envoyé par le roi pour châtier la ville, ne tint aucun compte de ces résolutions énergiques, encore que prises tardivement. Il entra dans Bordeaux par la brèche, se fit rendre toutes les armes, fit exécuter les chefs de la défense, cassa les membres du Parlement et abolit toutes les franchises de la ville. Ce ne fut qu'en 1550 que, touché des larmes des Bordelais, ébranlé par leurs doléances, le roi rendit à la cité tous les privilèges qui lui avaient été enlevés.

La vie des Bordelais, depuis cette émeute et sa terrible répression, coule calme et heureuse, à part quelques troubles causés par les guerres de religion. Mais ces troubles ont pour la plupart leur théâtre hors de la ville. C'est dans les pays environnant Bordeaux que Blaise de Monluc fait ses campagnes et mérite son surnom de *boucher royaliste*.

En 1570, j'ai à signaler deux faits bruyants qui, rapprochés, pourraient s'appeler les scandales de Bordeaux au XVIe siècle.

C'est d'abord un conseiller au Parlement qui, ayant trouvé sa femme en conversation criminelle avec son amant, tue les deux victimes et obtient rémission de son double meurtre en vertu d'une ordonnance que j'ai citée plus haut. L'autre affaire est plus piquante. Il s'agit d'une jeune fille de la Benauge qui, dissimulant son sexe sous des habits masculins, sert en qualité de valet chez un laboureur et, au bout de quelques années, ne craint pas d'épouser la fille de son maître. Chose curieuse, les épouses restent six mois ensemble : rien n'est donc nouveau sous le soleil ! La fraude est enfin découverte, et l'*impostéresse* (sic), d'abord condamnée à mort, en demeure quitte pour l'amende honorable et la fustigation. (*Chronique de Delurbe.*)

En 1571, un édit institua la Bourse des marchands pour

connaître et juger les causes entre les marchands, à l'instar des Bourses établies à Paris et à Lyon; date très intéressante pour nos commerçants. Durant cette année, le Parlement de Bordeaux se signale par un grand acte. Il rend un arrêt par lequel il est ordonné que tous les nègres et mores qu'un marchand normand avait conduits à Bordeaux pour les vendre, seraient mis en liberté : « la France, mère de la liberté, ne permet aucun esclave. » C'est un des plus nobles arrêts du Parlement de Bordeaux; on le croirait, à voir le texte, rendu en plein XIXe siècle.

En 1572, en octobre, eut lieu le massacre des protestants, quarante jours après celui de Paris. La ville de Bordeaux reçut en 1581 Marguerite, reine de Navarre, ainsi que le duc d'Anjou, qui assista à l'une des plus belles processions qui eurent lieu en cette ville. C'est vers cette époque, en 1582, que Michel de Montaigne, chevalier de Saint-Michel, homme d'immense érudition, fut élu maire de Bordeaux.

En 1585, nous devons enregistrer la grande peste dont Montaigne parle dans les *Essais*, et aussi un acte singulier de dévouement à l'actif d'une dame de Bordeaux. La dame de Belair, demoiselle de Ségur, voulant à tout prix sauver son mari emprisonné au Château-Trompette, imagina de lui donner ses habits, de prendre les siens et de demeurer prisonnière à sa place. (Delurbe.) La ruse réussit parfaitement, comme elle devait réussir deux cent cinquante ans plus tard pour Mme de Lavalette.

Après la mort d'Henri III, les Bordelais n'hésitèrent pas à reconnaître Henri IV pour leur roi. En 1590, le Parlement, les Jurats et les notables se réunirent et députèrent quelques-uns d'entre eux vers Henri, quatrième du nom, pour lui porter leurs serments d'obéissance et le supplier de rentrer dans le giron de l'Église catholique. apostolique et romaine. Henri IV, ayant abjuré, n'eut pas de plus fidèles sujets que les Bordelais. Malgré l'avènement du Béarnais, les protestants tenaient la campagne en Guyenne; mais le gouverneur Matignon sut les réduire promptement et leur porta le dernier coup en s'emparant du château et de la ville de Blaye.

L'année 1597 fut marquée à Bordeaux par deux événements des plus fâcheux : l'un fut la mort de Matignon, gouverneur aimé de toute la ville; l'autre, l'incendie du Palais de Justice, attribué, sans preuves d'ailleurs, aux protestants. Peu de temps après, le cardinal de Sourdis devint archevêque de Bordeaux; ce prélat est l'un des plus illustres parmi ceux qui ont occupé le siège métropolitain d'Aquitaine. Il fut chéri des Bordelais; sa charité envers les pauvres et le soin qu'il prit de bâtir plusieurs églises furent la cause de cette affection.

En l'année 1615, le roi Louis XIII épousa à Bordeaux l'infante Anne d'Autriche; des fêtes magnifiques furent offertes aux souverains. L'entrée du roi fut une des plus belles cavalcades qu'il fut donné à notre ville de contempler. La somptueuse collation offerte au roi à l'Hôtel de Ville donna lieu à des scènes divertissantes; les grands seigneurs de la suite du monarque pillèrent littéralement la salle à manger, et dans leur fringale brisèrent les plats en belle faïence.

La cérémonie du mariage du roi avait été magnifique, tous les piliers de la cathédrale avaient été recouverts de tapisseries bleues à fleurs de lys d'or dont on voit encore des vestiges; plusieurs personnes avaient été écrasées dans la foule : des médailles d'or commémoratives d'un travail merveilleux avaient été offertes aux royaux époux et à la reine-mère.

Le cardinal de Sourdis étant mort, son frère lui succéda,

mais ne vécut pas aussi paisiblement. Ses démêlés avec le duc d'Épernon sont restés célèbres. A la suite de piques mutuelles, la querelle entre l'archevêque et le gouverneur devint si vive, que des voies de fait sur M. de Sourdis purent être exercées par les gens du duc. L'archevêque excommunia le duc d'Épernon et ses gens et mit la ville en interdit quant aux sacrements. La querelle ne put s'apaiser et la réconciliation se faire que grâce au cardinal de Richelieu, protecteur de Sourdis, qui n'hésita pas à condamner la conduite du gouverneur.

En 1635 éclata à Bordeaux une émeute au sujet d'un impôt d'un écu nouvellement établi sur chaque tonneau de vin qui se vendait chez les cabaretiers. Le duc d'Épernon sut apaiser cette sédition et prit lui-même plusieurs barricades à la tête de ses hommes d'armes. C'est à la prise de la barricade de la rue des Faures qu'un tonnelier donna une grande preuve de courage, qui eut le don d'émouvoir le duc d'Épernon. Ayant eu le bras fracassé par une balle de mousquet, cet ouvrier rentra chez un chirurgien, se fit amputer et retourna défendre une autre barricade. Fait prisonnier et soigné par l'ordre du duc, il alla se faire tuer en combattant sur un troisième point.

Le duc d'Épernon, gouverneur de Guyenne, étant mort, son fils le remplaça dans son gouvernement, grâce à la protection du cardinal Mazarin.

Nous arrivons enfin aux troubles de la Fronde, qui furent très graves dans la province et agitèrent profondément la ville de Bordeaux. Le Parlement de Bordeaux publia un arrêt d'union avec celui de Paris. Cette mesure indisposa le duc d'Épernon, dévoué à Mazarin, et qui manifesta son mécontentement d'abord en montrant ses gardes au peuple en fermentation, puis en faisant construire une citadelle à Libourne pour tenir Bordeaux en respect, étant par ce moyen maître d'un côté de la Garonne, et tenant l'autre par son château de Cadillac. Il fit, en outre, au mépris des privilèges de la ville, approcher des troupes de Bordeaux. Les Jurats convoquèrent alors une assemblée générale de bourgeois à l'Hôtel de Ville ; cette assemblée décida de prendre les mesures nécessaires pour défendre les privilèges de la ville, au besoin par la force. Un conseil de guerre fut tenu, le Parlement envoya sommer le Château-Trompette de ne pas empêcher le passage de la rivière. Le duc d'Épernon commença les hostilités en gênant et interdisant même l'entrée des vins dans Bordeaux. Le Parlement parla d'abord avec modération, puis s'unit à tous les autres corps de la ville pour armer la population et soutenir la guerre. Le marquis de Chambaret fut nommé général des Bordelais. La campagne commença et fut sérieusement menée ; les Bordelais montrèrent beaucoup d'énergie et de courage dans les batailles qui furent livrées. Ils assiégèrent Vayres, prirent Camblanes, mais furent battus à Libourne par le duc d'Épernon ; le marquis de Chambaret perdit la vie dans cette affaire. On essaya alors de rétablir la paix ; mais les deux partis étaient trop échauffés, on ne put s'entendre. La campagne recommença de plus belle et fut menée par eau et par terre. Les Bordelais équipèrent une flotte ; le marquis de Sauvebœuf fut nommé général en chef. L'armée bordelaise remporta plusieurs succès, prit le Château-Trompette, battit à Lormont les troupes royales. Grâce enfin à la médiation du Parlement de Paris et du maréchal Duplessis-Praslin, la paix fut signée et enregistrée.

Cette paix ne fut pas de longue durée. Le duc d'Épernon restait gouverneur de la province et l'impopularité de Mazarin s'étendait dans toute la France. Quand celui-ci eut fait arrêter le prince de Condé, la ville de Bordeaux se déclara pour les princes et reçut dans ses murs la princesse de Condé et le duc d'Enghien, âgé de sept ans, avec un enthousiasme indescriptible. Les ducs de Bouillon et de La Rochefoucault suivirent de près la princesse. La campagne recommença; on se battit à l'Isle Saint-Georges par deux fois avec des chances diverses; on négocia avec les Espagnols, mais sans aboutir. Le roi Louis XIV vint en personne assiéger Bordeaux; plusieurs combats furent livrés à La Bastide entre les Bordelais et les troupes royales. Enfin une nouvelle paix fut accordée aux Bordelais et Louis XIV fit une entrée solennelle à Bordeaux.

Le prince de Condé fut nommé gouverneur de Guyenne et demeura à Bordeaux jusqu'au retour de Mazarin. C'est à ce moment que commença l'Ormée. C'était une réunion de gens violents qui se tenait sous les ormes de Sainte-Eulalie et aspirait à terroriser la ville. Ces hommes, dirigés par un boucher nommé Dureteste, portaient des arrêts qui étaient aussitôt exécutés. Les troubles qu'ils excitèrent furent nombreux, et on ne put venir à bout de les réduire que par la négociation et la force combinées. Bordeaux fut de nouveau bloquée par les troupes royales et rentra dans le devoir. Une nouvelle amnistie fut accordée, mais les chefs ormistes en furent exceptés. Dureteste fut exécuté.

Louis XIV passa par Bordeaux pour aller épouser Marie-Thérèse, mais sans grand appareil.

Il se produisit peu de choses remarquables sous le règne de Louis XIV. J'ai hâte d'entrer dans le xviiie siècle, qui vit la création du Bordeaux moderne.

La création de la Chambre de commerce de Bordeaux date du commencement du xviiie siècle. Un arrêt du Conseil d'État du 30 août 1701 ordonna la formation, dans les dix principales villes de France, de chambres de commerce composées de six membres, dont la moitié serait annuellement renouvelée par les négociants du lieu. Ces chambres furent chargées de fournir des mémoires relatifs au commerce local, de recevoir et communiquer ceux qui seraient transmis par les particuliers et d'adresser le résultat de leurs travaux au Conseil du commerce établi à Paris.

En 1709, les Bordelais eurent à souffrir d'un hiver redoutable; le thermomètre demeura pendant trois semaines à 15° au-dessous de zéro.

C'est en 1712 que, sous la protection du duc de La Force, fut fondée l'Académie des Belles-Lettres de Bordeaux. Elle ne s'installa qu'en 1738 dans l'hôtel qui lui fut donné par J.-J. Bel, lequel lui légua en même temps sa magnifique bibliothèque.

L'influence de Law et de son système se fit sentir à Bordeaux, et le 21 août 1720 la Jurade dut installer trois négociants chargés de diriger le placement des effets de la Banque royale.

Les premiers travaux entrepris pour l'embellissement du port de Bordeaux datent de 1720; mais on n'exécuta que lentement ces projets. Il était réservé à un illustre administrateur de terminer ces travaux et de créer cette magnifique façade, l'orgueil de Bordeaux. Néanmoins la Jurade fit commencer la place Royale et y plaça la statue de Louis XV.

Nous arrivons maintenant à celui qui fut le créateur de Bordeaux, avec Dupré de Saint-Maur, à M. de Tourny. Parlons-en tout à notre aise. M. de Tourny arriva à Bordeaux le 31 août 1743; lorsqu'il fut chargé de l'intendance de la Guyenne, il occupait depuis douze années celle du Limousin. On peut dire qu'il avait fait un heureux essai de ses talents dans cette province. Le nouvel intendant eut l'avantage de trouver dans la Jurade des hommes qui comprirent les vues qu'il manifestait pour l'embellissement de Bordeaux. Il fit d'abord, de concert avec le corps municipal, construire la porte des Capucins et établir auprès un marché au bétail. Pour mieux armer les ouvriers dont il se servait, il fonda une école gratuite de dessin. En 1746, M. de Tourny fit commencer la reconstruction des portes d'Aquitaine, Dijeaux et Dauphine, et ouvrir les places publiques au-devant d'elles. Ces portes avaient auparavant l'air de donjons, il en fit des arcs triomphaux. On admire encore le style de la porte de ville que le grand intendant fit construire pour remplacer les tourelles auxquelles on avait donné le nom de porte Saint-Julien.

Les Bordelais n'avaient que trois promenades tristes ou incommodes : l'archevêché ouvert seulement pour les jours de fête, les fossés de la ville et la plate-forme de Sainte-Eulalie. M. de Tourny fit abandonner ces antiques et tristes promenades pour celle qu'il forma avec autant de bonheur que de magnificence dans un quartier qui jusqu'alors avait été très peu fréquenté. En y plaçant le Jardin-Public, il voulut mettre la ville en contact avec le faubourg des Chartrons. Il fit percer plusieurs grandes rues et boulevards aboutissant au Jardin.

En 1747, le pays bordelais éprouva tout à coup une grande disette de grains; l'administration, M. de Tourny en tête, agit avec beaucoup de dévouement et de prudence pour la faire cesser. Elle dura jusqu'en 1748.

En 1749, M. de Tourny continua ses travaux en faisant percer plusieurs grandes voies et construire la porte du Chapeau-Rouge. Il fit ensuite établir les allées dites de Tourny, formées primitivement de quatre rangs d'arbres et qui allaient jusqu'à la porte du Chapeau-Rouge. Sous la direction de l'intendant, la place Royale fut achevée, l'hôtel de la Douane fut construit, ainsi que l'hôtel de la Bourse. M. de Tourny, ayant à cœur de terminer ses projets d'embellissement tels qu'il les avait conçus, avait dès 1748 obtenu un arrêt du Conseil qui l'autorisait à faire exécuter tous les travaux qu'il croyait nécessaires pour l'utilité et la décoration de la cité. Mais ce qui mérite toute notre admiration et assure à M. de Tourny la reconnaissance des Bordelais, c'est l'énergie et l'habileté qu'il déploya pour faire construire les trois cents maisons nécessaires à la façade des quais. Raisonnements, prières, il employa tout; il fit concéder gratuitement des terrains sur les quais aux propriétaires qui s'engageaient à bâtir dans l'espace de trois ans. Avec ses propres fonds il faisait construire des maisons qu'il revendait aussitôt au prix coûtant, et il recommençait d'autres constructions. Pour imprimer aux travaux l'activité qu'il désirait, M. de Tourny visitait lui-même les ateliers et conversait familièrement avec les ouvriers. Il fit reconstruire la salle de spectacle, qui fut incendiée en 1755. Cette salle occupait le terrain d'une ancienne corderie, près la porte Dauphine, entre le mur de Ville et celui des Pères Récollets. L'Olympia (ancien Théâtre-Français) est situé un peu en arrière de cet emplacement.

M. de Tourny accomplit d'autres travaux et se préparait à en entreprendre encore, lorsqu'il fut appelé à Paris pour remplir les fonctions de conseiller d'État : disgrâce déguisée, sollicitée par sa famille, qui l'accusait de dissiper sa fortune dans les grands travaux. La mémoire de ce grand administrateur vivra éternellement parmi les Bordelais, et l'une des époques les plus brillantes de notre ville est bien celle pendant laquelle il en fut l'intendant.

Je dirai quelques mots du gouvernement du duc de Richelieu, d'élégante et joyeuse mémoire. Pendant son séjour à Bordeaux, le duc tint une cour de prince. Les jours de fête, il recevait les personnes les plus qualifiées, il se rendait avec elles à l'église, où il assistait à la messe sur une estrade que bordait la compagnie de ses gardes. Dans les galas, il dînait au grand couvert, et le public était admis à circuler autour de sa table. Après le repas, il conduisait ses convives à la Comédie, où il faisait jouer les pièces qui lui plaisaient.

En 1762, le Parlement de Bordeaux examina les constitutions des Jésuites et les bannit, suivant en cela le mouvement général des Parlements français.

En 1770 se produit à Bordeaux une grande inondation. Les eaux s'élèvent à dix mètres au-dessus du niveau ordinaire et couvrent la chaussée du port.

Passons sur quelques querelles du Parlement et mentionnons la construction du Grand-Théâtre, qui eut lieu en 1784, grâce à l'initiative du duc de Richelieu. Je parlerai un jour en détail de ce chef-d'œuvre de l'art construit par Louis.

De 1775 à 1789, la ville de Bordeaux n'est éprouvée que par une émeute pour la cherté du pain et quelques querelles du Parlement, qui est même transféré à Libourne en 1787 pour refus d'enregistrer un édit.

Nous sommes arrivés à l'époque de la Révolution. Nous allons étudier les effets de ce grand mouvement à Bordeaux. Notre ville avait seize députés à élire pour les États-Généraux : quatre pour l'ordre du clergé, quatre pour l'ordre de la noblesse et huit pour l'ordre du tiers-état. Les corporations de Bordeaux furent représentées par 240 électeurs qu'elles avaient nommés.

Le 17 juillet 1789, on reçut à Bordeaux la nouvelle de la prise de la Bastille. Dès le lendemain les habitants arborèrent la cocarde tricolore en signe d'adhésion à la révolution qui venait de s'accomplir. Trois jours après ils se réunirent au nombre de trente mille dans le Jardin-Public, pour délibérer sur le parti à prendre dans les circonstances actuelles. La réunion chargea les Quatre-vingt-dix électeurs de Bordeaux de pourvoir aux soins que nécessitaient les circonstances. Ceux-ci acceptèrent cette mission, se déclarèrent en permanence et s'occupèrent de l'armement de la population. C'est le 21 juillet que cette mesure, qui formait la garde nationale bordelaise, fut mise à exécution. Le 2 avril 1790 fut installée la première municipalité de Bordeaux issue de la Révolution; elle remplaçait les Jurats.

Tout le monde connaît l'illustre députation que la Gironde envoya à l'Assemblée législative. Lorsque plus tard, à la Convention, ces députés, sur le point d'être écrasés par les Montagnards, plus énergiques et surtout plus pratiques, voulurent intéresser leurs compatriotes à leur sort, les sections de Bordeaux se déclarèrent contre les anarchistes de Paris (9 mai 1793). Ces sections invitèrent les autorités du département à se réunir par commissaires à elles dans le même but. Ces commissaires se constituèrent en un corps délibérant et organisèrent leurs forces. Ils avaient l'intention de lever et d'entretenir un corps d'hommes armés. Mais ces mesures ne furent pas soutenues bien longtemps par la population, qui abandonna sa Commission populaire et se soumit à la Convention.

Les commissaires de la Convention, Ysabeau et Baudot, arrivèrent à Bordeaux pour y introduire les mesures révolutionnaires. Ils furent reçus d'une façon si incivile qu'ils se rendirent immédiatement à La Réole pour y attendre de nouveaux ordres du Comité de Salut public. La Terreur fut établie à Bordeaux et fut due à l'initiative de la 14me section, dite section Franklin, qui expulsa la municipalité. La nouvelle administration créa des Comités de surveillance et obligea chaque habitant à se munir d'une carte de sûreté.

Ce triomphe du parti de la Montagne à Bordeaux détermina les députés de la Convention, toujours en résidence à La Réole, à venir siéger à Bordeaux. Ils firent leur entrée solennelle le 16 octobre 1793 : c'étaient Tallien, Ysabeau, Baudot et Chaudron-Rousseau. Ils entrèrent accompagnés de trois mille hommes armés. Leur premier acte fut de mettre Bordeaux en état de siège; ils établirent ensuite des autorités révolutionnaires, notamment un Conseil de guerre chargé de juger les personnes désignées par le Comité de surveillance. Le 10 décembre de la même année, les commissaires de la Convention firent célébrer à Bordeaux la fête de la Raison.

La journée du 9 thermidor vint faire cesser cet état de choses; le président de la Commission militaire, Lacombe, fut condamné à mort et exécuté. Cette Commission avait condamné 249 hommes et 42 femmes.

Ysabeau, qui avait contribué de tout son pouvoir à établir le gouvernement de la Terreur à Bordeaux, agit très énergiquement pour faire bénéficier la ville des mesures pacifiques prises par la Convention. En 1795 eut lieu une réaction contre les terroristes; cinq parmi ceux qui précipitèrent le mouvement en 1793 furent massacrés.

En 1800, le préfet de la Gironde ordonna de faire transporter les cendres de Montaigne au Musée de la Ville. Mais cette fête, destinée à célébrer un grand homme, ne fut que ridicule : on s'était trompé, on avait pris pour le cercueil de Montaigne celui d'une de ses parentes; l'erreur fut reconnue.

Le 29 avril 1804, les principaux fonctionnaires de Bordeaux votèrent une adresse au premier consul Bonaparte, pour l'inviter à se déclarer chef de l'État. Trois députés furent chargés d'aller présenter cette adresse au gouvernement dont les affidés secrets avaient reçu l'ordre de suggérer l'idée.

Le 4 avril 1808, l'empereur Napoléon, allant à Bayonne, fit son entrée à Bordeaux. A son retour, le 31 juillet suivant, il repassa à Bordeaux. Son séjour y fut marqué par des fêtes brillantes. L'empereur, ayant reconnu les besoins qu'éprouvait notre ville, décréta la formation de plusieurs établissements dont elle manquait. Un décret impérial du 26 du même mois porta création d'une commission qui devait prêter aux propriétaires de vignobles du département jusqu'à concurrence de la moitié de la valeur de leur vin, moyennant 2 1/3 0/0 pour le droit de garde des dits vins. L'exécution des travaux prescrits par les décrets précités procura à l'industrie locale des moyens qui lui furent bien profitables, dans un temps où la guerre maritime et continentale nuisait singulièrement au commerce de Bordeaux.

Les travaux du Pont de Bordeaux commencèrent le 1er octobre 1810, et le 7 décembre 1812 le préfet fit solennellement l'inauguration de la culée bâtie devant Bordeaux, en y déposant des médailles et des inscriptions.

A la suite de la déplorable guerre de Russie de 1812, Bordeaux fut obligée de faire à l'État un don volontaire de quatre-vingts cavaliers armés et équipés à ses frais ; il fallait remplacer la cavalerie restée dans les steppes de la Russie. Lorsque les souverains coalisés contre l'empereur Napoléon mirent leurs armées en mouvement pour entrer simultanément en France, le 7e corps d'armée franchit les Pyrénées pour se porter sur les départements méridionaux. Le sénateur Cornudet entra dans Bordeaux et essaya d'organiser la levée en masse ; mais il dut se contenter d'établir des gardes urbaines, qui jurèrent fidélité à l'impératrice.

Une colonne anglaise se dirigea sur Bordeaux ; le général français, incapable de tenir contre cette armée forte de six mille hommes, évacua la ville. Le maire ouvrit ses portes aux étrangers et alla les recevoir, causa un instant seul à seul avec le général anglais, et accepta de ses mains une cocarde blanche qu'il mit à son chapeau. Le maire rentra dans la ville, bras dessus bras dessous avec le général anglais, en criant : « Vive le Roi ! » Le lendemain on fut très surpris d'apprendre que le duc d'Angoulême assistait à un *Te Deum* qui se chantait à la cathédrale. Après la cérémonie, le duc se rendit à l'Hôtel de Ville, où il reçut les hommages du corps municipal. Il fut ensuite conduit au ci-devant Palais impérial, qu'il choisit pour sa demeure. Le lendemain de son entrée, le duc d'Angoulême adressa une proclamation aux habitants, en leur disant que la conscription et les impôts odieux allaient être abolis. Prenant cette proclamation au pied de la lettre, les habitants s'emparèrent des registres des droits réunis et les firent brûler sur la place publique. Cette mesure violente ne profita qu'aux débiteurs. Le 22 mai le duc d'Angoulême se rendit à Paris, et le 23 juillet les troupes anglaises évacuèrent Bordeaux. Ces troupes avaient durant trois mois vécu en assez bonne intelligence avec la population. Avant de quitter Bordeaux, le duc d'Angoulême annonça à ceux qui avaient formé sa garde pendant son séjour dans cette ville qu'ils étaient autorisés à joindre à la décoration du brassard qu'ils portaient celle du lys créée par le comte d'Artois. Ce brassard était un souvenir du mouchoir que les gardes improvisés du duc avaient enroulé autour de leur bras pour suppléer à l'uniforme.

Le duc et la duchesse d'Angoulême, ces rois de Bordeaux, s'étaient rendus dans cette ville, afin d'assister aux fêtes préparées pour célébrer l'anniversaire de la journée du 12 mars. Ils étaient au bal que leur donnait le commerce, lorsqu'on apprit que Bonaparte avait quitté l'île d'Elbe et débarqué au golfe Juan. Le duc partit en hâte pour aller se mettre à la tête des troupes ; la duchesse resta pour maintenir Bordeaux. Le 26 mars on apprit que le général Clausel s'avançait vers la ville pour y commander au nom de l'empereur. La duchesse, soutenue par la garde nationale, essaya de défendre Bordeaux ; mais devant la froideur et l'hostilité des troupes de ligne, elle renonça à son projet et s'embarqua à Pauillac sur un navire anglais en partance pour l'Espagne. Elle avait montré une fermeté bien au-dessus de son sexe.

Le général Clausel commanda Bordeaux durant les Cent Jours avec une grande modération.

Par ordonnance du roi du 5 septembre 1816, la ville de Bordeaux fut autorisée à vendre et démolir le Château-Trompette et ses dépendances. On fit les Quinconces.

En 1820 les marchands de Bordeaux imaginèrent d'offrir à la duchesse de Berri un berceau pour l'enfant dont elle allait accoucher. Ce berceau, après avoir été béni par l'archevêque, fut remis à la duchesse de Berri le 16 septembre, par trois députées. Elles furent présentées en cour par leur compatriote, M. de Sèze, président de la Cour de Cassation. On leur fit le plus brillant accueil. Une médaille rappelant cet événement fut frappée, portant une légende en patois gascon.

Le 22 avril 1822, on inaugura solennellement à Bordeaux, dans une des salles du Palais de Justice, la statue de Montesquieu, et sur l'une des places de la ville celle de Tourny.

En 1819, l'hôpital Saint-André menaçait ruine, lorsque le duc de Richelieu, passant par Bordeaux, fit don à la ville qui l'avait vu naître, pour l'entretien de son hôpital, du revenu d'un majorat (50,000 francs) dont le roi avait récompensé ses services. Mais la ville ne jouit pas longtemps de ce revenu, Richelieu étant mort quelque temps après.

Les Bordelais profitèrent de la paix amenée par la Restauration pour accroître leur commerce. Il faut remarquer que toutes les grandes fortunes de notre ville furent commencées à cette époque.

La Révolution de 1830 arriva. Le 28 juillet, les Ordonnances furent placardées sur les murs de Bordeaux. Le *Mémorial bordelais* et l'*Indicateur* accompagnèrent la publication de ces Ordonnances de réflexions courageuses sur la liberté de la presse. Ces deux journaux furent saisis. Le 30 juillet, la fermentation s'accrut à Bordeaux; un grand nombre d'habitants envahirent la préfecture, sommant le préfet, M. de Curzay, de fournir des renseignements sur les ordonnances et sur le mouvement qui avait éclaté à Paris. Sur le refus du préfet de rien communiquer, on l'entraîna jusque sur la place des Quinconces pour faire une amende honorable en criant : « Vive la Charte! » On lui eût fait un mauvais parti si les fils de M. Galos, député, ne l'eussent dégagé et n'eussent assuré sa retraite. Les Bordelais formèrent aussitôt une garde nationale. Cette création était nécessaire pour éviter toute collision entre la population et la troupe. Déjà une fusillade imprudemment ordonnée avait tué une personne et blessé plusieurs autres. Mais les événements se précipitaient et la victoire du peuple de Paris était décisive; le 3 août, une commission municipale remplaça l'ancienne municipalité. Aussitôt que l'on apprit à Bordeaux que Louis-Philippe avait été proclamé roi des Français, la Commission municipale délibéra de lui envoyer une députation pour lui porter les hommages de la population. Le 16 août, la Commission cessa ses fonctions et fit place à la mairie installée conformément aux lois. La grande révolution qui venait de s'opérer en France fut reçue avec calme à Bordeaux, qui dans cette circonstance n'éprouva point les secousses qu'elle avait ressenties dans les réactions de 1795 et de 1815.

On comprendra que je glisse rapidement sur les événements qui se sont succédé depuis 1830. Au surplus, je ne puis songer à évoquer les souvenirs encore brûlants des luttes politiques, à parler des personnalités, dont quelques-unes sont encore vivantes. Il me suffira de constater que Bordeaux, qui s'était ralliée sans trop de peine à la monarchie de Juillet, jouit sous le règne de Louis-Philippe d'une prospérité toujours croissante, sans que les émeutes et les troubles assez fréquents de la capitale y trouvassent un écho bien sonore. La République de 1848 y rencontra d'enthousiastes partisans, mais bientôt le mouvement réactionnaire s'y prononça avec beaucoup d'intensité, et Bordeaux fit un accueil chaleureux au prince-Président venant prononcer, dans un banquet offert par la Chambre de commerce, le discours dans lequel se trouvait la phrase célèbre : « L'Empire c'est la paix. »

Pourtant Bordeaux fournit de nombreuses victimes au coup d'État, et les Commissions mixtes y accomplirent leur besogne avec rigueur. Sous le règne de Napoléon III, Bordeaux, comme toutes les grandes villes, fut un centre d'opposition ; mais les traités de commerce de 1860, en consacrant le système du libre-échange, augmentèrent sa prospérité matérielle de façon à rendre son opposition moins ardente et moins implacable. Dès 1863 cependant les candidats du gouvernement avaient grand'peine à être élus aux élections législatives, malgré une savante répartition des circonscriptions électorales. En 1869, l'opposition triomphait dans les cantons urbains, et en 1870, après Sedan, la République était proclamée à Bordeaux en même temps qu'à Paris.

Notons en passant que l'Assemblée nationale tint ses séances à Bordeaux dans la salle du Grand-Théâtre, du 13 février au 14 mars 1871. A cette époque, Bordeaux, qui par suite de circonstances cruelles, était devenue depuis plusieurs mois la véritable capitale de la France, le siège du gouvernement, présentait un curieux spectacle d'animation militaire et cosmopolite. Ce n'étaient qu'uniformes, épaulettes, armes de toute sorte, équipements de toute nature.

Les séances de l'Assemblée étaient parfois orageuses, toujours douloureuses. On se souvient encore de celle où Garibaldi fut expulsé, où furent votés les préliminaires de paix. Au nombre des votes que l'histoire relèvera aussi, mentionnons celui de la déchéance de la dynastie napoléonienne, proclamée à l'unanimité moins cinq voix.

Depuis, Bordeaux a sans cesse affirmé sa fidélité aux idées républicaines, tant dans les élections législatives que dans les élections sénatoriales. C'est tout ce qu'il convient de dire dans un ouvrage où il ne peut être un instant question d'entamer une discussion politique, surtout à propos d'événements encore récents.

J'ai seulement voulu faire connaître au point de vue historique notre ville aux étrangers et aussi aux Bordelais pour qu'il leur soit permis de comparer ce qu'elle est aujourd'hui avec ce qu'elle fut autrefois. J'ai voulu, par l'évocation de tant d'épisodes pour la plupart oubliés, donner de l'intérêt à leurs promenades dans les vieux quartiers, peindre un fond pour les monuments dont je parlerai tout à l'heure.

DEUXIÈME PARTIE

COUTUMES, USAGES, TRADITIONS

———⋄⊹⋄———

Les fêtes au bon vieux temps.

———

I

Un bel esprit a dépeint en ces quatre vers (?) le goût, très passionné, de nos pères pour les spectacles :

> Il ne fallait au fier Romain
> Que des spectacles et du pain,
> Mais au Français, plus que Romain,
> Le spectacle suffit sans pain.

En sorte que l'histoire du peuple, prise à un certain point de vue, nous apparaît à travers une succession non interrompue de réjouissances, folles le plus souvent, originales toujours et de nature très diverse ; car il faut bien admettre que nos ancêtres se montraient fort éclectiques en matière de distinction. Pourvu que leurs yeux fussent agréablement impressionnés, ils se déclaraient satisfaits, et prenaient un aussi grand plaisir à la chevauchée d'un cortège royal, à la représentation d'un mystère ou bien à la parade d'un bateleur politiquant sur un tréteau, qu'au défilé d'une procession menant *ardoir* un juif, qu'au supplice d'un criminel écartelé ou roué vif en place du Vieux-Marché, ou simplement qu'au spectacle d'une fille-mère courant toute nue par les rues, poursuivie par les huées de la foule.

De ces divers divertissements, au goût plus que contestable, je ne parlerai pas; la liste des fêtes proprement dites est assez longue pour que nous y trouvions ample moisson.

Les fêtes fixes, les fêtes traditionnelles, occuperont tout d'abord notre attention.

Nous sommes au premier jour de l'an. Les vilains et les seigneurs ont passé la nuit le ventre à table; les brocs ont circulé depuis la veille, et les têtes alourdies s'inclinent sous le poids de l'ivresse. Mais à peine le jaune soleil de janvier a-t-il percé la brume que de toutes parts le son des cloches éclate. Arrière le sommeil! Arrière l'ivresse! C'est le signal de la fête par excellence, de la fête populaire entre toutes, de la fête religieuse, renouvelée du paganisme, dans laquelle s'incarne toute une époque : c'est la *Fête des Fous*, la *Fête des Cornards*, la *Fête des Innocents*.

Avant le jour, les chanoines et les ecclésiastiques ont été arrachés de leurs couches et conduits dans un état presque complet de nudité à l'abbaye de Sainte-Croix, où on les a aspergés d'eau. Après quoi, ils ont été autorisés à s'habiller, mais d'une façon grotesque et bouffonne. Puis ils ont élu, de bonne volonté, parmi les clercs et les sous-diacres, un évêque, un archevêque, quelquefois même un pape des fous qu'ils ont confirmé dans sa dignité par des cérémonies burlesques.

Alors a commencé la messe. La foule, accourue au son des cloches, a pu contempler les traits des prélats improvisés, trônant dans le chœur aux places d'honneur, revêtus de tous les insignes de leur titre, avec la croix pastorale sur la poitrine, la mitre en tête et la crosse en main. Mais voici que de joyeux drilles les encensent avec du boudin et de la saucisse, et aussi avec de vieux souliers « qui empoisonnent l'air ! » Sur l'autel, on mange et on boit, sans s'inquiéter de l'officiant. Proche des piliers, on joue aux dés ou à d'autres jeux du moment. Et dans la nef de l'église de l'abbaye, les clercs et les sous-diacres, masqués, barbouillés de moût, vêtus en fous, en bêtes monstrueuses, en bateleurs, en hommes dissolus, conduisent les rondes et courent par toute l'église, font des contorsions étranges et hurlent des paroles malsonnantes.

Cependant ce n'est là que la première partie de la mascarade. Quand la messe a été dite, le peuple mêlé aux prêtres et aux clercs, dans les transports de sa joie et de son ivresse, a « profané l'église d'une manière plus criminelle encore ». La licence n'a plus de bornes. On s'excite aux plus grossières extravagances. En cet instant, l'église ne le cède à aucun mauvais lieu sous le rapport de l'immoralité. Et quand on est las de ces joyeusetés, on sort du temple pour se livrer, sur les prés environnants ou sur les bords de la Garonne aux flots salés — comme le reste — à de nouvelles insanités. Les sous-diacres sont juchés sur des tombereaux pleins d'ordures, d'où, vêtus en baladins ou en femmes, ils jettent des immondices à la populace qui s'empresse autour d'eux, qui est en liesse, qui s'esbaudit, qui les pousse, les applaudit, les encourage. La nuit vient. De distance en distance, le cortège fait halte, et l'on peut voir, à la lueur des torches, ces personnages de caractère sacerdotal montés sur des thâtres dressés exprès pour leurs folies, où ils renouvellent leurs parades lubriques.

Qu'on ne m'accuse pas d'exagération. Le souffle de Dulaure, historien consciencieux — qui nous a narré les fêtes de Paris, faisant quelques rapides allusions aux réjouissances du reste de la France — court à travers les lignes que l'on vient de lire. Et dans certaines chroniques du vieux temps nous trouvons pour Bordeaux ces scènes signalées. Et dans la pierre en saillie des monuments de jadis et dans certaines sculptures de chœurs — le chœur de Saint-Seurin de Bordeaux, par exemple — les artistes contemporains de ces mœurs étranges se sont chargés d'écrire à coups de maillet la relation des incidents déplorables auxquels ils ont assisté.

Aussi bien, je rencontre, à peu de jours de distance — car elle personnifiait la solennité de l'Épiphanie — la *Fête de l'Ane,* qui, bien que présentant moins de tableaux indécents que la précédente, n'en offrait pas moins des images marquées au coin d'une aussi grotesque apparence.

Ce jour-là, maître Aliboron, en souvenir des services rendus par son ancêtre à la Sainte-Famille, était reçu par le clergé solennellement, à la porte de quelques églises ou chapelles des communautés religieuses qui florissaient sur le terrain où s'étend aujourd'hui le quartier sud de Bordeaux.

Et commençait un office inénarrable. On allumait un fourneau au centre du lieu consacré, et devant ce fourneau on faisait paraître : six juifs, les gentils; Moïse, cornu et barbu; Aaron, tenant une fleur à la main; Isaïe, le front ceint d'une étoffe rouge; Jérémie, portant un ruban; Habacuc, boîteux et couvert de feuillages; enfin, Balaam. Le prophète, perché sur son âne, donne à sa monture de grands coups d'éperon, tandis qu'un homme, armé d'une épée, l'arrête, et qu'un autre se jette sous le ventre de l'animal pour prononcer les paroles du Rituel à sa place. Viennent ensuite : David, vêtu somptueusement; Jonas, la tête chauve, et plusieurs prophètes tous très barbus et chevelus; Élisabeth, en bleu et paraissant enceinte; saint Jean-

Baptiste, les pieds nus, et, pour clore la série, la Sibylle, vieille femme couronnée de feuilles.

La procession terminée, l'âne prend place près de l'autel, du côté de l'Évangile, et la messe se dit. Mais, pendant l'office, la foule braille de mots confus, vides de sens, et se livre à des grimaces de toutes sortes. De son côté, le clergé ne demeure pas en reste avec la disposition générale : l'*Introït* se termine par le cri : « hi-han ! » et après l'*Ite missa est*, le prêtre dit trois fois : « hi-han ! » Le peuple répond : *Deo gratias*, « hi-han ! » On chante ensuite les vêpres, qui sont terminées par un motif dont les paroles excitent les assistants à beaucoup crier, boire, manger et rire.

Ces recommandations peuvent paraître superflues; car on criait, on buvait, on mangeait et on riait dru le jour des Rois, malgré qu'on en eût contre les « voyers » (agents chargés de l'entretien de la voie), dont c'était la fête, par privilège spécial, et qui, ce jour-là, avaient droit à une infinité de redevances. C'est ainsi que les fromagers des halles devaient donner au voyer chacun un fromage; les pâtissiers, chacun un gâteau à la fève; les herbiers des quais, chacun deux gerbes d'herbes. En un mot, tous les marchands et tous les artisans, et tous ceux qui étaient dans les rues et sur les places à l'époque de cette fête, devaient quelque chose à l'aimable agent. Fait curieux : il n'y avait pas jusqu'aux duellistes qui ne fussent tenus de lui fournir de l'argent pour la place où il leur plaisait de se battre; — et l'on se battait beaucoup après boire, autrefois !

Ceci pour les seigneurs, car sous le toit à pignon du noble, comme dans la maison du bourgeois, comme à la taverne, comme partout, on avait coutume de tirer les Rois en joyeuse compagnie; et le souverain de France, lui-même, ne se serait point exempté de cet usage.

II

Ainsi, l'on avait commencé l'année gaîment. Il ne s'agissait que de la continuer de même. C'est à quoi s'entendaient fort bien nos pères — auxquels nous ressemblons par certains côtés.

Après les Rois, le Carnaval. C'était le couronnement des fêtes et des festins qui s'étaient succédé, sans interruption, dans les familles, depuis l'Épiphanie jusqu'au Carême. Et cela constituait aussi en quelque sorte un adieu à la chair; car des lois rigoureuses — peut-être à Bordeaux plus particulièrement — forçaient « à peine de vie » (rien que ça!) les bouchers installés dans les rues avoisinant la place du Vieux-Marché à fermer leurs boutiques jusqu'à Pâques.

Mais les bouchers prenaient joliment leur parti de cette interdiction. Le jour qui précédait Carême-Prenant, ils conduisaient en grande pompe chez le gouverneur de la province et chez les premiers magistrats de notre Parlement le bœuf *viellé*, — ainsi nommé parce qu'il marchait au son des vielles, — lequel était couvert de housses, de tapisseries et de feuillages. Sur son dos était assis un enfant nu, avec un ruban bleu en écharpe, tenant un sceptre d'or dans une main et une épée flamboyante dans l'autre. Il ne nous faut point chercher ailleurs l'origine de la promenade du Bœuf gras.

Tout le monde était donc en liesse pendant le temps qui précédait le Carême. Le masque, importé par les Médicis, vint donner un nouveau piquant à ces réjouissances : dès lors, la licence se mit de la partie, au point que les plus « nobles seigneurs » eux-mêmes se firent, ces jours-là, remarquer par leurs extravagances.

Nos chroniques disent que vers 1600, un jour de Carême-Prenant, de jeunes gentilshommes « furent en masque par les rues de Bordeaux, où ils firent mille insolences, et la nuit, après avoir soupé dans un cabaret non loin de la porte Saint-Germain (j'ai parlé de la porte Saint-Germain dans les Notices de *A travers le vieux Bordeaux*), allèrent rôder de maison en maison, faisant lascivetés et vilenies jusqu'à six heures du matin du premier jour de Carême, auquel jour la plupart des prêcheurs les blâmèrent ouvertement ».

Le Carême-Prenant était aussi l'occasion d'une mascarade dont le souvenir est encore l'une des incarnations du moyen âge et qui eut pour théâtre le charnier situé près de la plate-forme de l'Ormée (église Sainte-Eulalie). Dans une action fantastique, appelée « Danse macabre », des individus des deux sexes, appartenant à toutes les conditions, défilaient devant la Mort qui écoutait impassiblement leurs plaintes. Ils demandaient tous un sursis à leur fin : ceux-ci pour réaliser leurs projets d'ambition, ceux-là pour jouir de leur fortune nouvelle, qui pour saisir une proie poursuivie durant le cours de son existence, qui pour un sac d'or, qui pour une chimère. Mais la Mort, après avoir raillé les suppliants, les faisait tous passer — de façon figurée — au fil égalitaire de sa faux.

C'était un spectacle délectable, trouvez-vous pas? Mais il y en avait (de par toute la France, d'ailleurs) de plus haut goût, à la même date : telle la « Course au Cochon », dont les péripéties avaient le don de passionner la foule. Vers le milieu du jour, on allait quérir dans quelques « hôtels des miracles », ces nids de vagabonds, de bohêmes hâves, de miséreux, quatre ou six aveugles, qu'on menait processionnellement sur les terrains avoisinant la Garonne. Dans une enceinte préparée on lâchait un cochon; on y faisait pénétrer les aveugles armés chacun d'un bâton, en promettant la bête à celui qui parviendrait à la tuer. Alors commençait une poursuite insensée; les aveugles se précipitaient vers l'endroit où ils entendaient courir le cochon et se meurtrissaient réciproquement de coups de bâton; et c'étaient des cris de douleur auxquels répondaient les hurlements du porc, mais que couvraient les éclats de rire des spectateurs. Nous avons fait des progrès depuis, Dieu merci! et nous nous contentons des courses de chevaux ou, mieux encore, de taureaux!

Mais cette fête du cochon n'avait pas sa pareille en gaîté! Le soir encore, au dernier festin, avant Carême, on s'entretenait des fortes émotions qu'elle avait procurées. Et les rires d'aller leur train! Et les brocs de vin de succéder aux pintes de vin! Et les victuailles de s'engouffrer dans les estomacs qui allaient être privés de chair pendant quarante jours!

C'est que — je l'ai dit — on n'entendait pas raillerie sur la non-observation du Carême, en ce temps de fanatisme intransigent. Dans les commencements, on mettait à mort — simplement — les gens convaincus d'avoir mangé de la viande en ce temps prohibé; mais, avec l'adoucissement progressif des mœurs, ce châtiment, jugé excessif, fit place à des mesures... plus clémentes. C'est ainsi que Charles V, ayant entendu raconter qu'en Pologne on arrachait les dents aux impies coupables de lèse-Carême, s'empressa d'introduire cette coutume en France, ce qui lui valut (très justement), après quelques autres réformes semblables, un grand renom de clémence et de sagesse.

Cette première nuit de Carême offrait, d'ailleurs, un exemple non moins remarquable de mansuétude. Jusqu'à Charles V, les calomniateurs avaient été condamnés à des amendes en argent. Sur l'ordre de ce monarque, idéalement bon, ils en furent quittes, dorénavant, pour se mettre à quatre pattes dans les cours des Parlements et *y aboyer pendant toute la nuit de Carême-Prenant!*

Quoique originale, la plaisanterie n'en était pas moins lugubre, vous en conviendrez!

*_**

C'en était donc fini des plaisirs de la table et des mascarades, et des grimaces dans les églises. Mais les spectacles n'en étaient pas pour cela supprimés; ils avaient changé de caractère, voilà tout. Maintenant, c'était le tour des processions; processions de toutes sortes et de toutes compositions : pénitents blancs, récollets flagellants, madelonnettes, blancs-battus, etc., se succédaient sans interruption par les rues et les carrefours. Quelques-unes de ces manifestations sont demeurées légendaires.

C'est d'abord la procession consacrant l'édit de François Ier, par lequel il était défendu d'imprimer aucun livre en France. Puis il y a les processions blanches des ligueurs, « l'un portant une lance, l'autre une arquebuse, et l'autre une arbaleste, le tout rouillé par humilité catholique ».

Entre temps, le soleil a reparu, chassant les maussades brumes de Carême. Une dernière nuit de pénitence, cependant : celle où les possédés du diable » se livrent, sous le porche des églises, à un affreux charivari mêlé de cris et de contorsions. Quand ce vacarme est à son comble, le grand chantre apparaît, montrant la croix. A son aspect, tout rentre dans l'ordre; les possédés sont délivrés, et, pour que le diable ne les revienne point troubler, on les asperge d'eau bénite.

Puis, c'est Pâques illuminé et radieux, qui, sur les tables, remet les blanches nappes, autour desquelles prennent place les amaigris, ceux-là dont les privations des jours écoulés ont allongé les dents.

Le reste de l'année ne sera pas trop long, je vous jure, pour faire oublier la triste chère du Carême. Les réjouissances se suivront sans interruption : fêtes populaires, pour tous; fêtes d'obligation, périodiques; fêtes de hasard, toujours les bienvenues; ceci d'une façon générale et sans préjudice des réunions joyeuses propres à chaque contrée et qui méritent bien une mention particulière.

Dans certaines villes, on promenait, à certaines époques, des dragons ou des chimères représentant une légende curieuse du cru, tels : le *Gargouille*, à Rouen; le *Graouilly*, à Metz; la *Chair salée*, à Troyes; la *Grand'gueule*, à Poitiers; le *Dragon*, à Vendôme; la *Tarasque*, à Tarascon.

A Bordeaux (imitant Évreux, je crois), la *Procession Noire* était une occasion de toutes sortes d'extravagances : on jetait du son dans les yeux des passants (nous avons bien les confetti aujourd'hui); on faisait sauter les uns par dessus un balai, on faisait danser les autres. De même, il y avait — et je cite au hasard pour abréger :

A Reims, la *Procession des Harengs;* à Dieppe, les *Mitonnies et Gringalet;* à Dijon, la *Mère Folle;* à Besançon, la *Bergerette;* à Vienne, les *Novicis;* à Marseille, le *Branle de Saint-Elme;* à Carcassonne, le *Roitelet;* à Toulouse, la *Maleteste;* à Pézenas, le *Poulain;* à Toul, l'*Enterrement de l'Alleluia*, enfin, à Bayonne, la *Pamperruque*.

On le voit, un immense réseau de réjouissances publiques enveloppait la France ancienne. Bordeaux y prenait sa très large part. J'ai déjà esquissé quelques points de ce côté très typique de notre histoire locale. J'essaierai de passer par la suite en revue les spectacles dont nos pères se montraient particulièrement friands.

Le Théâtre primitif.

Les ménestrels Jehan Bodel, d'Arras; Adam, de La Halle et Rutebœuf, contemporains de saint Louis, sont les auteurs les plus connus de petites pièces où l'on trouve déjà tous les éléments du théâtre et dont quelques-unes sont parvenues jusqu'à nous, tels : une pastorale pleine de grâce et de fraîcheur : *Robin et Marion;* une farce : le *Jeu du Pèlerin;* deux drames à spectacle : *le Miracle de Théophile* et *le Jeu de saint Nicolas;* enfin, deux pièces morales : *le Mariage ou le Jeu d'Adam* et *la Dispute du Croisé et du Décroisé.*

Avant la représentation, l'un des acteurs racontait la pièce. Ainsi *le Jeu de saint Nicolas* est précédé d'un prologue conçu en ces termes :

« Seigneurs et dames, écoutez-nous. Nous voulons vous entretenir aujourd'hui de saint Nicolas, le confesseur, qui a fait tant de beaux miracles qui sont vrais... »

L'analyse de l'ouvrage suivait. Puis l'acteur terminait ainsi :

« ... Voilà, nobles seigneurs, le beau miracle qu'on lit dans la vie du saint dont, demain, se célèbre la fête; nous allons vous la représenter; tel est le sujet de notre jeu.

» Faites silence !

» Nous commençons. »

Dans le même temps, la mode fut aux *Entremets,* sorte de pantomimes ou actions théâtrales à machines, qui étaient le complément obligé des représentations organisées par les trouvères.

En 1237, à l'occasion des noces de Robert, frère de saint Louis, on vit, pendant le repas, des ménétriers montés sur des bœufs caparaçonnés d'écarlate et un homme à cheval marcher sur une corde tendue. Mais ce n'était là que l'enfance de l'art.

A l'occasion des noces de Charles le Téméraire et de Marguerite d'York, on représenta les travaux d'Hercule : « une baleine de soixante pieds de longueur et d'une hauteur proportionnée fut ensuite amenée au milieu de la salle par deux géants; de son gosier sortirent deux sirènes et douze chevaliers, qui dansèrent au son d'une musique guerrière exécutée dans le ventre du monstre. Après le divertissement, la baleine engloutit de nouveau toute la troupe; puis elle s'en alla comme elle était venue. »

A citer encore les *Entremets* qui accompagnèrent le festin offert à Marie d'Angleterre, femme de Louis XII, lors de son passage à Bordeaux. On y vit un phénix « qui se battait de ses ailes et allumait le feu pour s'y brûler », puis un saint Georges à cheval « qui conduisait une pucelle »; les quatre fils Aymon venaient ensuite, sur un grand cheval. Enfin, il y eut un coq et un lièvre en une broche, qui jouaient l'un contre l'autre.

Faut-il parler de la mode très suivie qui fut aux tragédies latines, vers le milieu du XIIe siècle? Ah! quelles tragédies! Et quel latin! Dans l'une d'elles, Virgile, associé aux prophètes, vient avec eux à l'adoration du Messie, et chante un *Benedicamus* rimé, par lequel finit la pièce.

Mais toutes ces productions n'avaient en elles que l'embryon du théâtre, quelque chose comme la « comédie de paravent », à la portée de quelques délicats. On se figure les représentations, dans les vieilles salles de pierre fouillée, avec des vitraux aux fenêtres, vomissant la lumière bleue, rouge et jaune, de ce jaune qu'on n'a point retrouvé, sur une foule parée de velours et de tissus éclatants; « les galants, dessinant leurs formes dans leurs jaquettes de Bohême, avec des chausses collantes et des manches flottantes jusqu'à terre; les femmes, mises au goût de la reyne de Bavière, femme du roy Charles dixième, à qui l'on donnait le los d'avoir apporté en France les pompes et les gorgiasités pour bien habiller superbement et gorgiasement les dames. »

Le théâtre, ce délassement si français, n'existait-il donc point en ce temps-là, dans les classes populaires?

Eh! si, vraiment. Dans les *Mystères!*

Qu'était-ce qu'un mystère?

L'origine en remonte aux pèlerins.

Ces pieux vagabonds ne se réunissaient nulle part en plus grand nombre qu'à Saint-Maur-des-Fossés, près Vincennes, alors lieu favori des excursionnistes. On sait que les pèlerins vivaient exclusivement d'aumônes et qu'ils étaient dans l'usage de solliciter la bienveillance publique en psalmodiant de longs cantiques sur la vie ou la mort du Christ, le martyre et les miracles des saints. Un jour, ils eurent l'idée de profiter de leur réunion pour accomplir en corps ce qu'ils exécutaient isolément, et transformèrent en action dialoguée leurs interminables monodies.

Ainsi naquirent les mystères, qu'on représenta, d'abord, dans les cathédrales, puis sur les parvis, et enfin sur les places publiques.

Le premier mystère qui nous soit parvenu est du XIe siècle. Il a pour auteurs les dits pèlerins, qui fondèrent la « Confrérie de la Passion », à laquelle on accorda le monopole de ce genre de spectacle.

Le répertoire habituel des confrères comprenait principalement : le *Mystère de saint Martin*, le *Mystère de saint Crépin*, le *Mystère de sainte Barbe*, le *Mystère des Saints Apôtres*, et surtout la grande *Trilogie de la Passion*, qui ne renfermait pas moins de 67,000 vers et passait en revue tout le Nouveau Testament et une partie de l'Ancien.

Or, ce n'était point une petite aventure que la représentation d'un mystère. On le préparait de longue date; dès longtemps avant, on en parlait, à la veillée, sous le manteau de la grande cheminée, et sa proclamation fiévreusement attendue, donnait lieu à un véritable cérémonial. On en a la preuve dans ce fragment extrait du « Cry et proclamation » publiques, pour jouer le *Mystère des Actes des Apôtres*, » en la ville de Bordeaux, le seizième jour de décembre, » l'an 1540, par le commandement du roi notre sire, Fran- » çois Ier de ce nom, et monsieur le prévost ».

Dans le cortège qui fit l'annonce par la ville, on remarquait six trompettes royaux, le trompette de la ville, le crieur juré, nombre de sergents et archers, plus encore d'officiers, de sergents de ville, deux hommes commis pour faire la proclamation, les deux directeurs du mystère, rhétoriciens, l'un ecclésiastique et l'autre laïque; les quatre entrepreneurs du mystère et un nombre infini de marchands et de bourgeois, tout ce monde à cheval.

A chaque carrefour on s'arrêtait et le boniment commençait :

> Venez, cité, ville, université,
> Tout est cité, venez, gens héroïques,
> Graves censeurs, magistrats, politiques,
> Exercez-vous au jeu de vérité.
> L'on y semond poètes, orateurs,
> Vrays précepteurs d'éloquence, amateurs,
> Pour directeurs de si saincte entreprise,
> Mercuriens et aussi chroniqueurs,
> Riches rimeurs des barbares vainqueurs,
> Et des erreurs de langue mal apprise.
> L'heure est précise où se tiendra l'assise,
> Là sera prise, au rapport des tragiques,
> L'élection des plus experts scéniques,
> En geste et voix au théâtre requise.

La *Trilogie de la Passion* fut représentée, pour la première fois en 1402, près de la porte de Caillau. On y faisait paraître « des choses étranges et pleines d'admiration ». Ici, Jésus-Christ se rendait invisible; ailleurs, il se transfigurait sur la montagne du Thabor... L'éclipse, le tremblement de terre, le brisement des pierres et les autres miracles advenus d'après la légende, à la mort du Christ, y furent représentés.

Une véritable mise en scène accompagnait ce genre de spectacles. Voici comment l'auteur du *Mystère de la Résurrection* recommande de représenter le paradis :

« Paradis terrestre doit être faict de papier au dedans, duquel doit avoir branches d'arbres, les uns fleuris, les autres chargés de fruitz de plusieurs espèces, comme cerises, poires, pommes, figues, raisins et telles choses artificiellement faites, et d'autres branches vertes de beau may et des rosiers dont les roses et les fleurs doivent excéder la hauteur des carneaux (créneaux), et doivent estre de fraiz coupez et mis en vaisseaux plains d'eau pour les tenir plus freschement. »

Le paradis devait, en outre, avoir des dimensions très étendues. Il contenait un orgue, quelquefois un orchestre de musiciens cachés derrière les acteurs, et neuf ordres d'anges rangés circulairement autour du trône du Père éternel.

Quand le texte l'exigeait, on faisait parler les animaux qui figuraient dans l'action, mais en leur choisissant des monosyllabes en rapport avec leur accentuation habituelle, — tel ce passage du *Mystère de la Nativité :*

UN COQ (d'une voix claire et brève).
Christus natus est !

UN BŒUF (mug:ssant).
U... bi?

UN AGNEAU (bêlant).

Bee... thleem.

UN ANE (brayant).

Ia...mus (pour *Eamus*).

Le cadre de ces représentations primitives n'est pas moins curieux.

Lors de la représentation du *Mystère de l'Incarnation et de la Nativité*, pendant les fêtes de Noël de l'an 1474, « estoient les establies en la partie septentrionale ou neuf » marchié, depuis l'hostel de la *Hache-Couronnée* jusqu'en » l'hostel où pend l'enseigne de l'*Ange*. Estoit vers orient, » paradis terrestre... » Vient ensuite l'indication de vingt-deux scènes différentes, dont la dernière, représentant l'enfer, se trouvait à l'extrémité occidentale.

Pour la commodité des spectateurs, des écriteaux attachés au-dessus de chaque échafaud les instruisaient des localités qu'ils contenaient. C'est ainsi que, dans le prologue, l'acteur s'adressant aux spectateurs :

> Présent des lieux vous les pourriez connoistre
> Par l'escript tel que dessus voyez estre.

Ce mystère dura deux jours, comme on peut le voir par ces vers de l'épilogue de la première journée :

> Cy finans pour ceste journée,
> Demain sera à fin menée
> La matière parfaitement.

Bordeaux était en grande liesse. Car ce n'est point à Paris, dit M. Morice, auteur d'un très curieux *Essai sur la mise en scène*, ce n'est point à Paris qu'il faut, pour s'en former une juste idée, étudier la mise en scène des mystères. Là, les confréries n'eurent jamais qu'un théâtre circonscrit, une scène rétrécie. C'est à ces représentations magnifiques, exécutées dans les principales villes de province, et qui, nécessitant parfois des années entières de préparatifs, rassemblaient les populations de toute une contrée; c'est là qu'il faut se transporter en idée pour saisir dans tout son développement la vaste machination de cet étrange spectacle. Là, la scène, assise dans une plaine, sur une place publique, à l'extrémité d'une rue spacieuse, s'étendait *ad libitum* en hauteur et en largeur, suivant la multiplicité des lieux où devait se passer l'action. Là, tout endroit d'où l'on pouvait apercevoir le théâtre était propice à recevoir des spectateurs. Une enceinte réservée, garnie de bancs ou de sièges que chacun se faisait apporter, rassemblait l'élite de la contrée; au delà, la terre jonchée de paille et de feuilles, les fenêtres tapissées, l'intervalle des pignons aigus regorgeaient de spectateurs.

Voilà pour le côté du public. La scène n'était pas moins intéressante : on devait, en effet, y représenter à la fois une foule de lieux divers, paradis, enfer, temples, habitations, palais, chaumières, places publiques, campagnes et déserts.

« Le moyen le plus simple de réaliser ce cadre dramatique, c'était de disposer toutes ces décorations sur une seule ligne, comme les tableaux divers composant une galerie. Mais les proportions démesurées de cette forme de théâtre et la nécessité, pour l'intérêt du sujet aussi bien que pour la commodité des spectateurs, de concentrer l'action dans l'espace le plus restreint possible, firent que, généralement, on adopta la division par étages de galeries superposées, en retraite les unes des autres, ou perpendiculaires, s'élevant à une grande hauteur. Chaque étage était affecté à une ville ou à une province, telle que Rome, Jérusalem, la Judée, et se subdivisait au moyen de cloisons, en un plus ou moins grand nombre de scènes partielles qui représentaient les diverses localités, telles, par exemple, que le temple, le prétoire, le palais d'Hérode, etc. Qu'on se figure une maison, haute de cinq à six étages, subdivisée en un grand nombre de pièces, et dont la façade, totalement enlevée, laisse voir du haut en bas tout l'intérieur diversement décoré : on aura une idée exacte de la forme du théâtre que nous venons de décrire. »

Naturellement, au cours de ces représentations, il y avait des *pauses*, qui se passaient soit en musique, soit en parades, et au milieu du spectacle, une grande pause pour aller dîner. Il y en avait aussi qui n'étaient que des suspensions de l'action, et qui, probablement ménagées pour donner quelque relâche aux acteurs principaux, étaient remplis par des intermèdes plaisants. Tantôt ce sont des argotiers qui disputent, des aveugles, des niais ; souvent aussi ce sont des scènes infernales, des branles dansés par des diables, « *Hic staltus loquitur* (ici commencent les bélistres), » disait le programme.

Les mystères commencent à disparaître dans le xve siècle ; ils furent formellement interdits à partir de 1545, à cause du mélange de plus en plus inconvenant de religion et de bouffonnerie qu'ils offraient aux spectateurs.

Alors la parole fut aux *Moralités*.

L'analyse sommaire d'une de ces pièces en résumera l'esprit.

Quatre joyeux compères : Sans-Eau, Mauge-Tout, Lasoif et Bois-à-Vous, sont invités à dîner par Banquet, « gros et gras amphitryon » ; plusieurs dames sont de la partie, entre autres Gourmandise et Friandise. On se met à table ; tout va bien d'abord ; mais voilà qu'au beau milieu du festin la salle est envahie par Lacolique, Lagoutte, Esquinancie, Hydropisie, etc., etc., lesquels sautent à la gorge et aux jambes des convives. Le plus grand nombre reste sur le carreau. Quelques-uns trouvent un refuge dans les bras de Sobriété, qui appelle Remède à son secours. Quant à Gros-Banquet, l'amphitryon, Expérience le condamne à mort, et ce sera Ladiète qui l'exécutera.

Telle était la moralité, qui fit bientôt place à la *Farce* et à la *Sottie*, plus mouvementées et mieux proportionnées au point de vue scénique.

Les sotties avaient pour auteurs et acteurs les « Enfants Sans-Souci », qui donnaient leurs représentations sur les places publiques, à l'exemple des confrères de la Passion.

Le scénario suivant, qu'a bien voulu me communiquer un vieux collectionneur des actes du passé, donnera une idée de la tolérance qui présidait à ce genre de spectacle.

Huit personnages prennent part à l'action :

LE MONDE

ABUS   SOT-CORROMPU

SOT-DISSOLU   SOT-TROMPEUR

SOT-GLORIEUX   SOT-IGNORANT

SOTTE-FOLLE

Au début de l'action, le *Monde* se plaint de ce que sa puissance diminue chaque jour. *Abus*, qui a écouté ses lamentations, lui donne le conseil de suivre dorénavant *Plaisance mondaine*, et lui dit qu'il s'en trouvera bien. Il l'invite en même temps à tâcher de dormir.

— Vous me semblez fatigué, lui dit-il d'un air patelin. Dans le repos vous retrouverez les forces qui vous manquent.

— Mais qui prendra soin de mes affaires, si je me livre au sommeil ?

— Soyez sans inquiétude, je veillerai à votre place.

Le *Monde* se laisse persuader et s'endort aussitôt. *Abus* appelle *Sot-Dissolu, Sot-Glorieux, Sot-Corrompu, Sot-Trompeur, Sot-Ignorant* et *Sotte-Folle*. Cette joyeuse bande entre en poussant des exclamations de joie, et *Sot-Dissolu*, dès qu'il aperçoit *Abus*, adresse à ses compagnons ces paroles :

> Ribleurs, chasseurs, joueurs, gormens,
> Et autres gens pleins de tormens,
> Seigneurs dissolus, apostates,
> Ivrognes, napleuz, à grand hastes
> Venez, car vostre prince est né.

Sotte-Folle, après avoir examiné le *Monde*, qui dort, demande à *Abus* quel est cet homme-là. Il lui répond que c'est le *Vieux-Monde*. *Sotte-Folle* propose alors de le tondre, pour passer un moment agréable. Cette proposition est acceptée et exécutée sans tarder.

Ils réveillent alors le *Monde* et le chassent, en déclarant que jamais tête tondue ne fut plus laide. Alors on entreprend de construire un *Nouveau-Monde*, qu'*Abus* propose d'établir sur *Confusion*, qu'on affermira sur les piliers que chacun désignera à sa fantaisie.

Sot-Dissolu se présente le premier, et dit :

> Ne suis-je pas le sot d'église ?
> Or sus, qu'on fasse mon pilier.

On essaie de placer pour pilier du clergé *Dévotion* ; mais comme il ne peut convenir, on y substitue *Hypocrisie*, qui s'ajuste à merveille. *Sot-Glorieux* veut placer à côté *Chasteté*, mais alors *Sotte-Folle* lui dit :

> Que chasteté et gens d'église
> Ne se cognoissent nullement.

Chasteté est donc remplacée par *Ribaudise*, sur la proposition de *Sot-Glorieux*, et *Sotte-Folle* ajoute :

> C'est le vrai armet de l'église.
> Par saint Jean ! Ah ! tu es bon homme !

On continue le pilier du clergé, et, pour achever la pyramide, on y place encore *Apostasie, Lubricité, Simonie* et *Irrégularité*.

Les autres piliers s'élèvent de la même manière et avec les mêmes plaisanteries. Le roi lui-même n'est pas à l'abri des traits mordants des Enfants Sans-Souci ; c'est ainsi que lorsqu'on élève le second pilier, on y place *Avarice* au lieu de *Générosité*, pour faire pièce à Louis XII, bien que des parents de ce roi fussent présents à la représentation.

Lorsque le *Nouveau-Monde* est entièrement construit, les *Sots* se disputent et finissent par en venir aux mains. Dans la bagarre, l'édifice s'écroule. Alors le *Vieux-Monde* reparaît et la pièce finit par une longue dissertation morale sur le sort des *Sots*.

La *Farce* avait pour parrains les clercs de la Basoche, auxquels on était déjà redevable des spectacles précédents.

On désignait sous le nom de Basoche — de *basilica*, salle d'audience — la corporation des clercs du Palais. Cette Société jouissait de privilèges fort étendus, qui lui avaient été conférés par Philippe le Bel. Les Basochiens avaient une juridiction spéciale; leur roi portait une toque semblable à celle du roi de France, il avait son chancelier, ses maîtres de requête, son procureur général; de plus, la Basoche avait son drapeau et une cocarde tricolore; les couleurs de la corporation étaient le jaune et le bleu, auxquelles chaque capitaine ajoutait une couleur spéciale qui servait de ralliement à la compagnie. A certains jours de l'année, les Basochiens organisaient de superbes revues; ils formaient des cortèges marchant au son des tambours et des trompettes; ils allaient ainsi faire des plantations d'arbres, et donnaient des représentations théâtrales.

Au hasard, quelques titres des farces les plus connues :

Farce nouvelle, contenant le débat
d'un jeune homme et d'un beau
gendarme, par-devant le dieu
Cupidon, pour une fille
fort plaisante et
récréative.

Farce joyeuse et récréative
d'une femme qui demande
des arrérages à
son mari.

*Farce joyeuse et récréative du Badin
qui a fait le coup.*

Cette farce commence ainsi :

> Il estoyt une fillette
> Coincte et joliette,
> Qui vouloit scavoir le jeu d'amours...

Le Badin fait des propositions déshonnêtes à la chambrière, mais celle-ci refuse, non par vertu, mais par crainte que la chose soit découverte par sa maîtresse.

> ..... Mais ay récité
> Estoit mon maistre, à ma maîtresse
> Vous cougnoissez qu'en ma vieillesse
> A jamais seroys diffamée.

A quoi le Badin répond :

> Testoy, testoy : ta renommée
> Te sera gardée, par ma foi !
> Touche-la ; je te faictz octroy
> De te donner ung chaperon.

La chambrière se laisse vaincre par cette promesse.

Et, grâce à la licence qui accompagnait alors les représentations théâtrales, le public ne tarde pas à se convaincre que le Badin a fait le coup. C'était là la partie « récréative » du spectacle.

Comme je l'ai dit, la foule ne tarda point à délaisser les mystères pour ces spectacles de joyeuse allure, lesquels comptèrent de nombreux souverains parmi leurs protecteurs.

Louis XII, notamment, leur fut particulièrement favorable. Il autorisa les clercs à donner leurs représentations sur la vaste table de marbre qui se trouvait dans la salle du Palais, et, de plus, il leur permit de diriger leurs satires « contre les abus qui se commettoient, tant à sa cour comme en tout son royaume, pensant par là apprendre et savoir beaucoup de choses, lesquelles autrement il lui étoit impossible d'apprendre. »

On a vu, par la sottie précitée, que cette autorisation fut largement mise à profit, puisque Louis XII fut lui-même visé par la malice des Basochiens. Mais le souverain ne fit que s'en amuser : « Laissez-les faire, dit-il, j'aime mieux les voir rire de mon économie que pleurer de mes profusions. » Il disait aussi : « Je leur donne toute liberté pourvu qu'ils respectent l'honneur des dames. »

Par contre, François Ier se montra moins tolérant. Dès le début de son règne, les farces et les sotties, jugées trop hardies, furent poursuivies impitoyablement. Défense fut faite aux Basochiens de parler dans leurs pièces des princes et princesses de la cour et « de faire monstration de spectacle ni écriteaux tocans ou notans quelques personnes que ce soit, sous peine de prison et de bannissement. »

Clément Marot, qui avait fait partie de la corporation, intercéda pour elle auprès du roi :

> Pour implorer votre digne puissance,
> Devers vous, syre, en toute obeïssance,
> Bazochiens à ce coup sont venuz
> Vous supplier d'ouïr par le menuz
> Les points et traits de notre comèdie ;
> Et, s'il n'y a rien qui pique ou mesdie,
> A vostre gré l'aigreur adoucirons.

Ce fut en vain. Voyant que les ordonnances restaient sans effet et que les comédiens parvenaient toujours, par leurs subterfuges, à les éluder, le Parlement prit une mesure décisive : le 22 janvier 1538, il rendit un arrêt par lequel on exigeait que les Basochiens et les Enfants Sans-Souci « soumissent à la Cour leurs pièces manuscrites quinze jours avant la représentation, et supprimassent en jouant les passages rayés, sous peine de prison et de punition corporelle. » La censure était née.

Mais, en dépit de ces mesures répressives, les clercs de la Basoche et les Enfants Sans-Souci conservèrent leurs représentations jusqu'aux premières années du XVIIe siècle, époque à laquelle ils passèrent la main aux entrepreneurs de spectacles forains.

Divertissements populaires.

Chaque fois que se donnait une fête officielle, la fête intime, populaire, suivait :
Elle avait, celle-là, pour théâtre la rue, le carrefour.
Tout le soir, on festoyait à la lueur des flambeaux en cire et des lanternes accrochées aux fenêtres. Les tables, dressées en plein air, pliaient sous le faix des victuailles, et les chansons éclataient à la ronde, au milieu des rires et des propos galants. Puis aussi, l'on allumait de grands feux, autour desquels on dansait.
Mais ce n'étaient là que les préliminaires de la vraie fête, — du lendemain de la fête, — lequel lendemain durait souvent plusieurs jours.
Alors commençait la série des divertissements, peu variés dans leur composition, mais toujours les bienvenus, puisque leur usage s'en est perpétué de siècle en siècle jusqu'à nous.
C'est d'abord le *mât de cocagne*, qui remonte bien loin.
« Le jour de saint Leu et saint Gilles, est-il raconté quelque part, les habitants de cette paroisse proposèrent de faire un ébastement nouveau. Ils plantèrent dans une rue, en face de celle des Andouilles, une perche de près de six toises de longueur. Ils attachèrent à la cime un panier dans lequel était une oie grasse et quelques pièces de monnaie; ensuite ils oignirent cette perche, qui était dressée perpendiculairement, et promirent l'oie et l'argent à celui qui

serait assez adroit pour grimper jusqu'en haut. Cet exercice dura longtemps; les plus vigoureux ne purent atteindre le but; la graisse dont la perche était frottée formait le plus grand obstacle; enfin, on adjugea l'oie à celui qui était monté le plus haut, mais on ne lui donna pas la perche, ni la monnaie, ni le panier. »

Puis il y avait le jeu de la *quintaine*, ou de l'homme armé, en imitation des carrousels. On se précipitait, monté sur les épaules d'un coureur, sur un mannequin habillé en More, et placé sur un pivot, de telle sorte que les coups portés ailleurs que dans le tronc ou dans le visage faisaient tourner ses bras, qui s'appliquaient brutalement sur la figure du maladroit.

Les coups étaient, d'ailleurs, la partie la plus goûtée des divertissements populaires. On se rappelle les joies provoquées par la course au cochon où figuraient des aveugles. Ce spectacle était réservé pour le mardi gras. Mais, en temps ordinaire, on l'imitait par le jeu de l'*aveuglette*, où les aveugles étaient remplacés par des joueurs auxquels on bandait les yeux. Les coups de bâton n'en étaient pas moins cruels. Et le public de rire.

Par contre, les jeux d'adresse avaient leurs tenants. Dans cet ordre rentraient les courses de bague, du pot cassé, du sac mouillé, du baril plein d'eau. Mais celui du *Papogaï* avait la prédilection des tireurs adroits. C'était le jeu de l'oiseau de bois, juché en haut d'une perche, tel que nous le connaissons. Il s'agissait d'abattre cet oiseau, à l'arc, à l'arbalète ou à l'arquebuse. D'aucuns faisaient, paraît-il, merveille à cet exercice, ce qui ne doit point surprendre, car le peuple bordelais s'est, en tout temps, passionné pour le tir.

La compagnie des arbalétriers, fondée sous Louis le Gros, s'est conservée, avec ses franchises, jusqu'à la Révolution, et les chevaliers de l'arc, qui remontent plus haut encore, jouissaient de privilèges particuliers. Il en était de même, à

Paris, des compagnies d'arquebusiers, qui jouèrent un rôle important à la prise de la Bastille.

D'autres spectacles, aussi passionnants, conviaient la foule aux abords de la Garonne.

Là, des mariniers joutaient, costumés en dieux marins.

Mais un divertissement surtout soulevait l'enthousiasme dans ces parages. C'était le jeu de l'oie.

Aux deux côtés de la rivière on avait placé deux bateaux remplis de pierres. Au milieu de ces deux bateaux s'élevaient deux manières de mâts, auxquels une corde était attachée. Mais, par un mécanisme particulier, il était facile de lâcher et de retendre vivement cette corde, au milieu de laquelle était attaché un oison *vivant*. Ceux qui voulaient avoir la gloire d'en arracher quelque pièce, étaient montés sur un échafaud flottant, qui voguait aux sons de toutes sortes d'instruments. A un signal donné, ils se lançaient sur la bête, qu'ils empoignaient; mais, aussitôt, le balancement imprimé à la corde les forçait à lâcher prise, de sorte qu'ils tombaient à l'eau, tenant à la main, qui une aile, qui une patte. Celui qui emportait le tout, plus ou moins mutilé, était proclamé « roi de l'oison ».

Plus loin, c'était un jeu non moins cruel. Mais qui s'inquiétait de cruauté au temps où la potence et la roue se dressaient en permanence sur la place du Vieux-Marché?

C'était le tir aux canards. Voici comment on procédait :

On attachait un certain nombre de ces volatiles, par la patte, à une longue corde.

Cette corde était ensuite tendue dans l'eau, de manière que, le canard étant à peu près noyé, sa tête seule dépassât.

Les tireurs s'exerçaient sur ces cibles affolées.

Et tout le long de la Garonne c'étaient des réjouissances du même ordre, et partout, dans la ville, c'étaient de gais ébats, accueillant les prouesses des gymnastes improvisés et les coups de maîtres des tireurs habiles.

Puis, le soir venu, chaque groupe promenait en triomphe son roi. Des cortèges sans nombre se croisaient, se mêlaient. On buvait aux vainqueurs. De toute part éclataient les joyeuses escopeteries des arquebuses. Et les feux allumés, et les flambeaux garnis de cire neuve, la fête de nuit reprenait de plus belle, pour se fondre, à l'aurore, dans les plaisirs renouvelés de la veille.

Ce chapitre ne serait pas complet si l'on n'y parlait de l'une des grandes attractions des divertissements populaires : j'ai nommé les représentations gratuites.

L'origine de ce spectacle affriolant remonte au XVIIe siècle. Il prit naissance à Paris, comme bien l'on pense.

Ce fut à l'occasion de la naissance du duc de Bourgogne, en mars 1662, que l'Opéra donna, pour la première fois, une représentation gratuite sur l'ordre du cardinal Mazarin. Ce spectacle, qui se composait du *Persée*, de Quinault et Lulli, obtint un très grand succès.

L'Opéra était alors situé dans la salle de l'ancien jeu de paume de la rue Mazarine, proche la rue Guénégaud. Un chroniqueur de l'époque raconte qu'à cette occasion, la façade du théâtre avait été illuminée de plus de mille chandelles, et qu'à l'issue du spectacle on tira plus de soixante fusées !

Malgré la réussite de cet essai, l'usage des spectacles gratuits ne s'établit point. Après la représentation dont nous venons de parler, il faut sauter soixante-trois ans pour lui trouver un pendant. En 1725, à l'occasion de la paix, le roi fit donner, quatre jours durant, l'opéra gratis dans le jardin des Tuileries. Un grand seigneur du temps nous a, dans sa désinvolture cavalière, tracé le tableau de cette récréation fantaisiste :

« A l'exception des honnêtes gens, dit-il, tout Paris s'y trouva, d'autant plus que la farce ne commença que lorsque le marchand eut fermé sa boutique, la revendeuse plié son pavillon et le laquais servi son maître. Toute la façade et même les parterres étaient remplis de populace. En attendant l'opéra, une quarantaine de Jasmins, Champagnes, Bourguignons se sont avisés de préluder ainsi. Une partie de cette troupe joyeuse habillée en fille et l'autre dans leurs habits d'homme déguisez, se font emplir chacun leurs poches, d'un côté de noir de fumée très fin et de l'autre de blanc. Ainsi munis et à la faveur d'épaisses ténèbres, ils se sont répandus dans la foule où chacun, de ses deux mains, l'une blanche, l'autre noire, a commencé à farder le sexe qui ne hait pas le fard. Les moins fières ont pris cette manière d'agir pour une caresse, les réservées ne se sont point défiées des enlumineurs travestis, les plus prudes se sont laissées prendre par derrière; enfin tout a été si bien concerté, qu'un tiers de la compagnie est sorti, sans le savoir, avec un visage à deux couleurs. Mais le meilleur de tout cecy, c'est que comme on jouait l'opéra de *Phaëton*, où se trouvent ces deux vers qui se répètent plus de cent fois en chœur :

>   O l'heureux temps! O l'heureux temps!
>   Où tous les cœurs sont contents,

pendant qu'on chantait ces paroles, on entendit plusieurs voix à l'écho qui répondaient :

>   O l'heureux temps! O l'heureux temps!
>   Où les hommes sont noir et blanc.

» On donna plusieurs sens à ces paroles, mais on ne comprit le véritable que le lendemain matin, lorsque les faces enluminées, paraissant au grand jour, attirèrent les yeux. »

La représentation gratuite qui accompagna les fêtes données à l'occasion de l'entrée en convalescence du roi Louis XV, fut marquée par une prévenance qui alla droit au cœur de la foule. On poussa la gracieuseté vis-à-vis des spectateurs jusqu'à mettre dans la salle quelques pièces de vin destinées à désaltérer le public.

Les pièces furent attaquées et vidées en un clin d'œil. Le spectacle ne fut plus alors sur la scène, mais dans la salle. Il y eut un tel tumulte que les acteurs ne purent terminer la pièce ; le rideau fut baissé ; et le régisseur, qui ne manquait pas d'esprit, vint faire au public l'annonce suivante :

« Mesdames et Messieurs, quand vous aurez fini votre pièce, nous commencerons la nôtre. »

Sous Louis XVI, les spectacles gratis furent fréquents.

En 1785, à l'occasion de la naissance du Dauphin, plusieurs représentations furent données à Bordeaux, de même qu'à Paris.

Pendant la Révolution on organisa, toutes les semaines, des spectacles de ce genre dans tous les théâtres.

En tête du programme était inscrite cette mention : « De par et pour le peuple. »

Une affiche du spectacle gratis donné au Théâtre le 21 janvier 1794, à l'occasion de l'anniversaire de la mort de Louis XVI, est ainsi conçue :

De par et pour le Peuple
GRATIS
En réjouissance de la mort du tyran
L'Opéra national
Donnera aujourd'hui, 6 pluviôse
An II de la République
Miltiade et Marathon
Le Siège de Thionville
L'Offrande à la Liberté

On abusa tellement du spectacle gratis à cette époque, que le gouvernement révolutionnaire fut obligé d'indemniser les grands et les petits théâtres, en leur payant une somme équivalente à la recette dont ils étaient privés.

Un décret du 7 pluviôse an II (22 janvier 1794) alloua 100,000 livres pour cette dépense; mais ce ne fut pas assez, et cette somme fut bien vite absorbée.

Le public qui fréquentait ces représentations se composait surtout de gens du peuple et, pour donner une idée de la naïveté des spectateurs de cette époque, on fit courir, par la ville, ces couplets satiriques :

> A l'opéra gratis parmi les spectateurs
> Une poissarde était assise ;
> Et voyant de quatre chanteurs
> Briller en quatuor les talens enchanteurs :
> « Ah ! Jérôme, je suis surprise,
> Dit-elle à son mari, d'entendre ces acteurs
> Brailler tous à la fois. Mon homme, que t'en semble ?
> Est-ce l'usage ? — Oh ! reprend-il, nenni !
> Mais vois-tu, c'est gratis ; ils chantent quatre ensemble
> Afin d'avoir plus tôt fini. »

L'Empire, la Restauration, continuèrent la tradition des représentations gratuites, qui fut interrompue pendant toute la durée du règne de Louis-Philippe.

La seconde République les rétablit. Puis l'empereur Napoléon III décréta que tous les théâtres des grandes villes donneraient une représentation gratuite à chaque fête du 15 août.

Actuellement, les représentations gratuites ont lieu le 14 juillet, jour de la Fête nationale.

Les Fêtes roulantes.

Vers 1747, la population fut appelée à se réjouir en l'honneur de la princesse Marie-Josèphe de Saxe.

En cette circonstance, la Municipalité, en veine d'innovations, créa des divertissements qu'on [n'avait point vus jusqu'alors.

Elle divisa la fête, plus encore que lors des « Bals de Bois », de maligne mémoire, en organisant un cortège, rempli de surprises, qui parcourut la ville en tous sens.

C'est ce qu'on a appelé la *Fête roulante*. Il y en eut depuis plusieurs organisées sur le même modèle. Mais celle de 1747 est restée légendaire.

Le cortège se composait de cinq chars, d'un luxe peu commun, et du haut desquels on distribuait, pour la plus grande joie de la foule, du vin, des victuailles et des friandises de toutes sortes.

En tête s'avançait le char de Mars, le plus élevé de tous, construit en amphithéâtre, à plusieurs étages de gradins, et qui, par sa forme, représentait assez bien un char romain retourné, c'est-à-dire ayant sa partie haute à l'arrière.

Des moulures mêlées de feuillages et de rocailles naissaient de la partie la plus élevée et couvraient, en descendant, les contours supérieurs. Ces moulures servaient d'appui aux gradins, et venaient, par-devant, se perdre dans un grand ornement, dont le milieu portait en saillie un mufle de lion qui marquait la tête du char.

Les soubassements, divisés en cinq grands panneaux, étaient peints en camaïeu et représentaient des camps, des sièges, des batailles et autres sujets de guerre. Ceux des côtés étaient encadrés dans des moulures d'ornement qui traçaient les contours inférieurs du char. Un seul panneau, sous la forme d'un grand bouclier, occupait la partie arrière : on y voyait un héros distribuant des récompenses à une foule de guerriers dont il était environné.

Les ornements qui décoraient le dehors étaient dorés; l'intérieur était couvert d'une étoffe couleur feu et or.

Le dieu Mars, placé au plus haut du char, se reposait sur des trophées; il était entouré de guerriers, d'armes et de drapeaux flottants.

Vingt musiciens assis sur les gradins de l'amphithéâtre formaient, par le choix des instruments, une symphonie guerrière; leurs habits étaient de drap écarlate galonné d'or, les chapeaux ornés de plumes, les écharpes, les nœuds d'épaule et tout le reste de la parure étant assortis à la richesse de la parure.

A ce char étaient attelés huit chevaux de la plus haute taille. Leur harnais était de velours couleur de feu, garni de boucles d'or et couvert par des peaux de lions agrafées avec des guirlandes de lauriers. Leurs têtes étaient ornées de plumes rouges et blanches. Les crinières, les nœuds d'oreilles et de queue, les guides et les rênes étaient couleur de feu et or.

Puis venait le char de l'Hymen.

Décoré par plusieurs parties d'ornements de sculpture, agrafées les unes aux autres et posées sur des champs cannelés, il était construit sur les plus élégants modèles de l'antique.

Du milieu de ce char s'élevait un autel posé sur une estrade entourée de plusieurs rangs de gradins, et dont un amas de nuages colorés, rassemblés à dessein, ne laissait voir la forme que par des échappées de vue, ménagées avec intention.

Le dieu de l'Hyménée, assis au plus haut du nuage, tenait d'une main les portraits en médaillons du Dauphin et de la Dauphine, et paraissait allumer, de l'autre, le feu de l'autel. Sur les nuages étaient groupés divers génies de la suite de l'Hymen, qui formaient des jeux et traçaient avec des guirlandes de fleurs le chiffre des deux époux.

Le tout était de bleu céleste et de dentelles. L'aspect en était frais et printanier.

Le char de Cérès, qui suivait, avait la forme d'un chariot plein de gerbes de la plus belle moisson ; il était décoré d'ornements relatifs aux travaux de la campagne.

Les gerbes étaient dorées, et ces gerbes, entassées avec art, cachaient une chambre remplie de provisions, qui furent servies au peuple par huit distributeurs vêtus d'habits jonquille très richement galonnés en argent.

A cette couleur, qui formait la livrée du char, étaient assortis les harnais, les crinières et les panaches des chevaux.

Les pluies de victuailles qui tombaient de ce grenier d'abondance donnaient au peuple grand'soif. Heureusement le char de Bacchus n'était pas loin.

Le char de Bacchus avait la forme d'un grand plateau chargé de tonnes de différentes grandeurs.

Sa partie postérieure tournait sur un plan cintré, formé d'une seule rocaille cannelée et surmontée d'un cartel enchâssé dans des feuillages. Toute cette partie se couronnait par un groupe d'enfants qui jouaient avec un tigre.

Dans le milieu du plateau était un berceau de treillage de seize pieds de haut, dont la partie supérieure avait la forme d'un pavillon et portait pour amortissement une corbeille remplie de fruits.

Sous ce berceau paraissait le dieu Bacchus assis sur une tonne recouverte par des peaux de tigres.

Les ornements du char qui tournaient autour du plateau se liaient par un enchaînement de pampres. Ils étaient tous dorés ainsi que le berceau, les figures et les tonnes. Le fond était peint en gris de lin, et l'intérieur couvert d'une étoffe de même couleur.

La durée des stations de ce char ne paraissait jamais assez longue. Heureusement, le char qui venait ensuite ne s'était point imposé l'observation de la tempérance : on y distribuait des douceurs sous les deux espèces.

C'était un vaisseau. Ses flancs étaient formés par une seule coquille enchâssée dans une moulure qui régnait d'un bout de la quille à l'autre.

Deux dauphins, placés sur la proue, jetaient des bouillons d'eau, dont la chute formait la masse qui paraissait soutenir le vaisseau.

Le bas de la poupe était tourné en cul-de-lampe, et distribué en trois pans d'échelle enfermés dans des feuilles d'eau. La poupe était percée de fenêtres, et au-dessous de la barre du timon s'élevait un grand trophée appuyé sur un mufle de monstre marin.

Le mât du vaisseau, arrêté sur ses flancs par des rubans de soie, portait à son extrémité une flamme blasonnée des couleurs de la ville. La voile était relevée sur la vergue avec des guirlandes de fleurs, disposées en chutes de festons.

La chambre de poupe renfermait les provisions destinées au public.

Des chevaux attelés à ce char avaient leurs harnais et leurs crinières ornés de fleurs naturelles; ils portaient sur la tête des panaches de plumes bleues.

Le char de la Ville fermait la marche, marche non précipitée, car les éléments qui la composaient se succédaient à intervalles assez éloignés pour laisser le temps à la foule de se rassasier, et de la vue et de la panse, après chaque stationnement, sans préjudice d'un tour de danse dans les salles de bal, qui, pour n'être pas aussi somptueuses que celles du premier hymen, n'en présentaient pas moins, sur toutes les places, l'image de réunions où la gaieté trônait.

Il faut lire dans les plaquettes du temps les admirations inspirées par cette fête roulante, encore qu'une pointe de malice s'y montre.

« Quel avantage, est-il dit dans l'une d'elles, d'avoir à peindre l'abondance qui a régné! N'avez-vous pas entendu dire cent fois d'un Pays de Fées que les alouettes y tomboient toutes rôties? C'étoit bien d'autres choses ici; les dindons y pleuvoient de tous côtés, sans parler des cervelas, des andouilles, des carmes et autres galanteries, les saucisses comptées pour rien.

» Comme on avoit été obligé de barrer les rues pour la commodité du public, les plaisirs n'en étoient que plus variés. On buvoit, on mangeoit et on dansoit dans les grandes salles, on rioit ou l'on faisoit autre chose dans les petites; c'étoit par-tout nôces et festins.

» Quelle intelligence dans la construction des chariots! C'étoient autant d'Arches de Noé, non seulement parce qu'on y avoit foit entrer toutes sortes d'animaux, mais encore par les commodités qu'on y avoit ménagées.

» Tous les matelots du Vaisseau de la Ville étoient des charcuitiers, des boulangers, des rotisseurs, des paticiers, tous mieux vêtus que les seigneurs auxquels ils présentaient à manger. On remarquoit parmi eux plusieurs beaux esprits qui avoient l'attention de juger sur les physionomies de ce qu'il falloit à ceux qui les portoient; ils jettoient des pains de Gonesse, des aloyaux, des gigots, des brioches à ceux qui avoient l'air haves et décharnés, comme qui diroit des auteurs. Mais en même temps ils avoient la galanterie de faire tomber les saucisses, les andouilles et les cervelas du côté du beau sexe. Cela s'appelle, à ce que je crois, sçavoir faire les honneurs du vaisseau. »

Cependant, la fête roulante eut ses Voisenon : tel le petit livre *les Regrets des petites rues*, attribué au comte de Caylus.

Mais la pauvreté de l'invention et le débraillé du langage y sont au-dessous du permis.

L'Histoire de la princesse Lacune,

L'Histoire et aventure de mademoiselle Godiche,

L'Histoire de M. Bordereau, commis à la Douanne, avec madame Minutin, n'intéresseraient personne maintenant.

Et pourtant elles firent les délices du beau monde d'alors !

Les Spectacles en plein vent.

En dehors des fêtes traditionnelles et de circonstance, le Bordelais avait le spectacle quotidien de la rue, spectacle infiniment varié, dont il ne se lassait point, et qui s'est perpétué jusqu'à nous à travers les siècles.

L'humble baladin qui soulève des poids ou fait des tours de passe-passe dans une rue barrée ou sur un carrefour peu fréquenté, a ses parchemins en règle. Noblesse déchue, si l'on veut, mais noblesse très authentique, dont l'origine n'a coûté ni une larme ni une goutte de sang.

Dès le XIe siècle, les troubadours cheminaient de ville en ville, « le luth sur l'épaule et le lai d'amour sur les lèvres ». Ils se faisaient accompagner par les ménestrels ou ménétriers et par les jongleurs ou bateleurs, lesquels faisaient « des tours surprenants et périlleux ». Peu à peu, ceux-ci mêlèrent à leurs spectacles des danses de corde, des farces, des pantomimes. Alors, ce fut la fin des sonnets et des pastorelles des doux poètes, et de leurs chansons, qui étaient des ballades, et de leurs *sirventes,* qui étaient des satires, et de leurs *tensons,* qui étaient des querelles d'amour.

Dès lors, le ménétrier régna sans partage, et, de fait, il y eut un roi des ménétriers.

Jacques Crure et Hugues le Lorrain, deux ménétriers célèbres, avaient, à cette époque, fondé une chapelle dédiée à saint Julien et à saint Genest. Ils y ouvrirent un hôpital où les ménétriers et jongleurs étrangers passant par la ville étaient reçus et hébergés gratuitement. De plus, ils avaient formé une confrérie dont le règlement fut dressé le 25 novembre 1321. Ce règlement est un véritable privilège en faveur des ménétriers; il fut signé par trente-sept ménétriers, jongleurs ou jongleuses, au nombre desquels se trouvait Pariset, ménestrel du roi; Janson, fils du Moine, et Marguerite, la femme aux Moines.

Ces surnoms, fort appropriés, paraît-il, donnent une idée de la vie privée de ces irréguliers. Cependant, la confrérie des ménétriers fut en telle odeur de sainteté que saint Louis, voulant lui donner une marque de sa royale munificence, exempta les confrères qui la composaient du droit de péage à l'entrée de Paris, sous le Petit-Châtelet, à condition qu'ils feraient danser leurs singes et chanteraient une chanson devant le péager. Telle est l'origine authentique du proverbe bien connu : « Payer en monnaie de singe. »

Mais bientôt les mœurs du royaume des ménétriers devinrent si dissolues, et les plaintes dont ils furent l'objet si nombreuses, que le Prévôt des marchands se vit obligé de rendre une ordonnance qui leur « fit défense de ne rien représenter ou rien chanter dans les lieux publics et autres qui pût causer quelque scandale, à peine d'amende, de prison et d'être réduits au pain et à l'eau ».

Alors, désorientés par cette ordonnance, et pensant que leur répertoire ne se prêtait point à composition, les ménétriers renoncèrent volontairement à leurs privilèges. Les uns se firent danseurs de corde; c'étaient les bateleurs. D'autres escamotèrent des muscades, pour la plus grande joie des badauds. Tous ceux-là passèrent à différentes reprises par Bordeaux, où même certains séjournèrent longuement. Enfin, une notable portion d'entre eux, que leur dignité d'artistes empêchait de suivre cet exemple, demandèrent asile aux églises pour y chanter au lutrin.

Ces derniers ne sauraient nous intéresser. Pour les premiers, ils furent ce qu'ils sont restés depuis. Mais une période glorieuse marque leur carrière : celle des parades, dont l'immortel Tabarin fut l'initiateur.

C'était sur les quais qu'était établi son tréteau, qu'il exploitait de concert avec Mondor.

Son costume était celui de Pierrot ; il portait une blouse ample, de couleur verte et jaune, et un large pantalon de même étoffe ; une longue épée de bois pendait à sa ceinture, et avec un chapeau de feutre gris, un chapeau sans fond, il s'arrangeait toutes sortes de coiffures, depuis le casque romain jusqu'au bonnet d'âne. Son théâtre se composait de quelques mauvaises planches ajustées et de quelques lambeaux de toile cousus ensemble. Son personnel, c'était sa femme Francisque, en habit d'Arlequin ; son associé Mondor ; un nègre et le triacleur, qui faisait chanter la viole et le rebec pour faire accourir la foule.

A la vérité, le théâtre de Tabarin n'était pas un théâtre. De pièce point. Mais des parades, toujours renouvelées, naissant de l'imprévu. La foule se pressait autour de Tabarin qui, à force d'esprit, parvenait à faire d'assez bonnes affaires. Il vendait le baume souverain contre la migraine et le vertige, l'onguent contre la brûlure, « dont il avait éprouvé les effets merveilleux lors de sa descente aux enfers, » et nombre d'autres drogues non moins fantaisistes.

Dans une gravure ancienne, on voit, au-dessus du théâtre de ces deux joyeux compères, cet écriteau :

> Le monde n'est que tromperie,
> Ou du moins charlatanerie ;
> Nous agitons notre cerveau,
> Comme Tabarin son chapeau.
> Chacun joue son personnage ;
> Tel se pense plus que lui sage
> Qui est plus que lui charlatan.
> Messieurs, Dieu vous donne bon an.

Mondor et Tabarin sont les pères de la pièce grivoise moderne. Quelques-unes de leurs farces ont été empruntées par Molière : celle du sac de Scapin, par exemple. Quelquefois, les deux compères se posaient des questions dont la réponse était une épigramme.

— Qu'aimerais-tu mieux, demandait Tabarin à Mondor, être un âne ou un cheval ?

— Un cheval, répondait Mondor.

— Et moi un âne, répliquait Tabarin, parce que les chevaux ont la peine de courir les bénéfices et les ânes n'ont qu'à les prendre.

Quand ils ont tant d'esprit, les pitres vivent peu.

Tabarin et son associé en firent l'expérience. Sous prétexte « qu'ils chantaient des chansons scandaleuses et faisaient des actions malséantes », ils durent fermer boutique, par ordre du Parlement, en 1634.

Du même coup, les jongleurs et autres marchands de drogues détalèrent des points où ils avaient leurs assises. Parmi ceux-ci, plusieurs, sans égaler la renommée du maître, jouissaient d'une faveur marquée, Gauthier-Garguille, notamment.

Gauthier-Garguille était le gendre de Tabarin. Il avait pour accoutrement « une espèce de bonnet plat et fourré, point de cravate ni de col de chemise, une camisole qui descendait jusqu'à la moitié des cuisses, une culotte étroite qui venait se joindre aux bas, au-dessous des genoux, une ceinture à laquelle pendait une gibecière et un gros poignard de bois passé dans la même ceinture ». Gauthier-Garguille se disloquait avec un rare talent. C'était sa spécialité.

Puis, il y avait Brioché, le montreur de marionnettes, dont le théâtre était adossé à une maison connue sous le nom de Château-Gaillard, située sur le quai de Conti.

Brioché devait sa célébrité principalement à son singe,

Fagotin. Cet animal était, au dire d'un contemporain, grand comme un petit homme et bouffon en diable. Son maître l'avait coiffé d'un vieux vigogne dont un plumet cachait les fissures et la colle; il lui faisait porter un pourpoint à six basques mouvantes, garni de passements et d'aiguillettes, « vêtement qui sentait le laquéisme »; enfin, il lui avait concédé un baudrier d'où pendait une lame sans pointe.

Cette lame sans pointe fut cause d'un événement tragique. Un jour, pour attirer la foule dans son théâtre, Brioché annonça « le combat de Cyrano de Bergerac contre le fameux Fagotin ». Hélas! Cyrano de Bergerac avait, lui, une épée pointue. Il attaqua vigoureusement le singe, et comme celui-ci se défendait comme un spadassin, il se fendit à fond et transperça son adversaire. Pauvre Fagotin!

Après l'arrêt du Parlement, tout ce monde se dispersa. Tabarin disparut d'une façon mystérieuse. On ne le revit plus. Quant aux satellites qui gravitaient autour de son tréteau, nous les retrouvons aux foires Saint-Laurent et Saint-Germain; aux foires de Bordeaux, de mars et d'octobre. Tabarin est mort. Place à Jacques l'Andouille, à Gros-Guillaume, à Turlupin, à Guillot-Gorju, à Jean Farine, à Bruscambille, que suivront de près l'Apollon de la Grève, Jean des Vignes, Gringalet, Bobèche, Galimafré, le marquis d'Argent-Court, tous noms qui sonnent aux oreilles comme les grelots de la folle marotte.

Mais aussi, quel cadre à leurs ébats!

Le tableau de la foire a été tracé par Scarron :

> Que ces badauds sont étonnés
> De voir marcher sur des échasses!
> Que d'yeux, de bouches et de nez,
> Que de différentes grimaces!
> Que ce ridicule Harlequin
> Est un grand amuse-coquin!
> Que l'on achève ici de bottes
> Que de gens de toutes façons

Hommes, femmes, filles, garçons ;
Et que les c... à travers cottes,
Amasseront ici de crottes,
S'ils ne portent des caleçons !

Ces cochers ont beau se hâter,
Ils ont beau crier : Gare ! gare !
Ils sont contraints de s'arrêter,
Dans la foule rien ne démarre.
Le bruit des pénétrants sifflets,
Des flûtes et des flageolets,
Des cornets, hautbois et musettes,
Des vendeurs et des acheteurs,
Se mêle à celui des auteurs
Et des tambourins à sonnettes,
Des joueurs de marionnettes,
Que le peuple croit enchanteurs !

Dans sa *Gazette* du 22 février 1664, Loret, parlant de ces mêmes curiosités, raconte qu'on y trouve :

Citrons, limonades, douceurs,
Arlequins, sauteurs et danseurs,
Outre un géant dont la structure
Est prodige de la nature ;
Outre les animaux sauvages,
Outre cent et cent batelages,
Les Fagotins et les guenons,
Les mignonnes et les mignons,
On voit un certain habile homme,
Je ne sais comment on le nomme,
Dont le travail industrieux
Fait voir à tous les curieux,
Non pas la figure d'Hérodes,
Mais du grand colosse de Rhodes,
Qu'à faire on a bien du temps mis,
Les hauts murs de Sémiramis,
Où cette reine fait la ronde ;
Bref, les sept merveilles du monde,
Dont très bien les yeux sont surpris
Ce que l'on voit à juste prix.

Quel entrain dans les quartiers, d'ordinaire si tranquilles, au moment de la foire qui s'y tenait, comme de nos jours, deux fois l'an, et plusieurs semaines. Et quels boniments !

Ici, c'est le grand Scot romain, véritable ancêtre des Cochery, des Victor Delille, des Leprince, qui lance à la foule, en forme de flèches, ce prospectus irrésistible :

« La Troupe Royale du grand Scot romain

» Vous donnera tous les jours les mêmes divertissements qu'elle a donnés à Sa Majesté Très Chrétienne, à toute la Cour et à toutes les Têtes couronnées de l'Europe et de l'Asie. Le grand Scot boira une quantité incroyable d'eau qu'il convertira en toute sorte de vin, en laict, en bierre, en ancre, en caïses odoriférantes de plusieurs senteurs.

» Il fera aussi chaque jour l'une des farces suivantes :

» Il fera sortir de sa bouche : de la salade aussi fresche que celle que l'on vend aux halles ; deux plats pleins de véritables poissons en vie ; des roses, des œillets, des tulipes et plusieurs autres fleurs aussi belles et fresches qu'elles naissent dans les jardins du Printemps ; et de plus, des oiseaux en vie, trois ou quatre cents pièces d'or, des cravates et des manchettes de point et de dentelles, des rubans et mille autres curiositéz que l'on ne peut expliquer, et qui semble aller au-delà de l'imagination.

» Vous verrez aussi un voltigeur de corde, que vous admirerez par son adresse surprenante et inconcevable.

» Et outre cela, sa nouvelle troupe italienne se prépare à vous donner chaque soir une nouvelle farce fort divertissante.

» L'on payera deux louis d'or pour une loge entière, un écu chaque place dans les loges et sur le théâtre, vingt sols aux galeries, dix sols au parterre.

» L'on commencera à quatre heures précises.

» Deffenses sont faites de par Sa Majesté à toutes personnes, mesme aux officiers de Sa Maison, d'y entrer sans payer ! »

Plus loin, c'est le *Divertissement comique des farces de l'Amour et de la Magie*, représenté par les sauteurs établis au Jeu de Paume des Jacobins.

L'avertissement qui l'accompagne n'est pas moins remarquable que celui du grand Scot :

« Les spectacles, y est-il dit, sont de tous les siècles ; toutes les nations du monde en ont fait voir de différents, suivant leurs différentes inclinations et leurs différents génies. Si pourtant la beauté de quelques-uns les a fait remarquer parmy un nombre de médiocres, on peut dire que rien n'a jamais approché de ce qui va paroistre. La troupe des farces de l'Amour et de la Magie, dont le sieur Maurice Allemand et le sieur Allard Parisien sont les inventeurs de ses prodiges, que l'on peut appeler troupe à cause du nombre de vingt-quatre sauteurs de tous les païs, et les plus illustres qui ayent jamais paru en France, et qui doit estre honorée de la présence d'un grand nombre de personnes de qualité, qui sont instruits de toutes les merveilles qui doivent composer ces divertissements, fera voir des postures et des sauts périlleux à l'Italienne, si extraordinaires, qu'on n'en a point veu jusques-icy de si surprenans. »

Puis, ce sont les vastes loges de Jehan Courtin, de Nicolas Poteau, des frères Allard. On y joue la comédie. Mais les comédiens de métier le prennent de haut avec ces confrères passagers ; ils font valoir leurs privilèges et obtiennent la suppression des pièces foraines.

Alors on s'ingénie. On se rabat sur les monologues, sur les pièces à écriteaux, sur les pièces à jargon.

Les monologues nous sont connus ; ils n'ont jamais été autant à la mode qu'actuellement.

Les pièces à écriteaux étaient encore usitées à l'abolition des privilèges, sous l'ancien régime. L'acteur supplémentaire faisait mouvoir, à l'aide de ficelles, des pancartes indiquant les répliques de son rôle.

Restent les pièces à jargon. En voici un fragment :

ARLEQUIN, en robe de médecin.

Il va donc dîner ?

LE COLAS.

Va dinao.

ARLEQUIN.

Et nous allons en faire autant.

LE COLAS.

Convenio, demeurao, médicinao regardao l'emperao.

ARLEQUIN.

Comment, ma charge m'oblige à le regarder faire ? *(Le Colas lui baragouine à l'oreille.)* Pour prendre garde à ce qu'il a mangé ? Et que m'importe à moi qu'il mange trop et qu'il crève de choses nuisibles ?

LE COLAS.

Ho ! ho ! *(Il lui parle à l'oreille.)*

ARLEQUIN.

Plaît-il ? Comment dites-vous cela ? *(Le Colas lui parle à l'oreille.)* Eh bien ! si le roi venait à mourir ?

LE COLAS.

Pendao le médicinao.

ARLEQUIN.

On pend le médecin ! Miséricorde ! Ah ! sur ce pied-là, au diable la charge. *(Il ôte sa robe.)*

Assurément, ce sont là d'intéressants spectacles. Mais la foule garde ses prédilections pour les pîtres qui lui vendent des orviétans, à la mode ancienne du Pont-Neuf. Un charlatan paraît sur le champ de foire : elle y court. Mais aussi, quel programme ! Jugez :

« *Les Cent Drogues admirables du merveilleux opérateur des îles non découvertes, des royaumes invisibles, arrivé dans cette ville pour la foire.*

» Aux Chalands,

» Après avoir couru à pied et à cheval, par mer et par terre, le dit opérateur merveilleux est arrivé en cette ville par batteau, pour la quantitez de ses drogues admirables; maintenant, il les a dépaquetées pour ceux qui en voudront moyennant de l'argent, et verront leurs effets s'ils ne sont aveugles; beaucoup de gens s'en sont bien trouvez comme il appartient, car, comme dit l'autre, il ne voudrait pas mentir pour si peu de chose; il invite les curieux à le visiter et ne verront pas une beste, ou je me trompe; s'ils ne le trouvent en son logis, ils le chercheront au manège des fous, c'est-à-dire à la foire. »

Suit la nomenclature des cent drogues, parmi lesquelles :

« L'Eau de mauvaise grâce et de laideur, pour guarir des charmes.

Le Jullep de coquelicot, pour estre vaillant en tout.

La Distillation de pied de veau, pour sçavoir faire la révérence.

Le Mitridat de Naples, pour guarir de la concupiscence.

Le Sirop d'œillade, pour adoucir les âmes farouches.

L'Eau de pistoles, de perles et de diamants, pour acquérir la bonne grâce des dames.

L'Essence de l'estoc de Priape, pour guarir des pasles couleurs.

Le Laict d'amende d'amour, pour désenflammer les reins.

L'Eau de richesse et d'esclat, pour se faire estimer.

La Racine de plume de coucou, pour guarir les jaloux.

La Graine de cul de poule, pour apprendre aux vieilles à faire la petite bouche.

Poudre de soucy, d'encolies et de pensées, pour oster l'apoplexie.

Les Confitures de concombre, pour empêcher la stérilité.

Bourguignette de Jason, pour esveiller le cœur des poltrons.

Infusion de la continance des eppousées de village, pour devenir galland et bien appris.

L'Opiate des idées de Platon, lavée dans la concavité du vent de galerne, pour faire aller les esprits à courbette.

Eau de ronces, d'espines et de chardons, mêlez en absinthe, pour faire dormir.

L'Huisle de faveur, pour relever les mauvaises mines.

La Quintessence d'escume de marmite et de mousse de broche, passez en l'alambic d'escorniflerie, pour acquérir des serviteurs et des amis.

La Poudre de barbe d'enucque et de crin de cheval de Hongrie, pour augmenter la génération.

L'Écorce de charité, pour attraper les niais.

La Pierre tirée de la partie supérieure de la semelle des pieds d'une tortue, pour faire marcher droit et de bonne grâce.

Le Jus composé de fiel de colombe et de corne de biche, pour sçavoir nager entre deux eaux.

L'Huisle de grateux, pour faire avoir bonne contenance.

Le Cirop de vaines promesses, pour guarir de l'impatience.

La Gelée de dons et de pensions, pour restorer la débilité des âmes.

L'Huisle de muguet et d'amourettes, pour la collique passion »....

Le reste est à l'avenant.

Mais quel est ce tréteau vers lequel la foule se précipite au premier coup de cloche? C'est la baraque de Gilles, le dieu de la parade. Écoutons son boniment :

« Une beauté de près de six pieds, nommée Fanchon

l'Oseille, dit-il, nous fit l'honneur de suivre notre spectacle pendant toute la foire dernière ; je fis d'même, je la suiva, et vous allez entendre ce qui en arrivit. Elle voulut y aller voir le fameux joueur de gobelets ; et comme elle avait de l'esprit, elle lui tint ce discours : — On dit que Monsieur sçait z'escamoter z'un âne ? — A votre service, Mademoiselle. — Ça n'est pas de refus, Monsieur ; mais je veux sçavoir l'escamotage, parce que je me donnerai le plaisir de jouer le rôle du gobelet... Ça ne manqua pas ; elle apprit l'escamotage : elle devint le gobelet ; elle me fit l'honneur de me prendre pour sa muscade. »

Une autre parade, celle-là de Bruscambille :

« Je vous dis que vous avez tort de venir depuis vos maisons jusqu'ici pour y montrer votre impatience accoutumée. Nous avons bien eu la patience de vous attendre, vous et votre argent qui ne venait pas vite ; de vous préparer un beau théâtre, une belle pièce qui sort de la forge et qui est encore toute chaude. Mais vous ne nous donnez pas le temps de commencer.

» Et puis, a-t-on ouvert le rideau, c'est pire qu'auparavant : l'un tousse, l'autre crache, un autre rit, un autre... Et ceux qui se promènent en faisant du bruit pendant qu'on joue ! Action aussi ridicule que de siffler au lit et de chanter à table. Chaque chose a son temps : le lit pour dormir, la table pour boire, notre théâtre pour ouïr et voir, assis ou debout. Si vous avez envie de vous promener, je vous y envoie. Ma foi ! si tous les ânes mangeaient du chardon, je ne voudrais pas fournir la compagnie qui est devant moi pour cent écus... ! »

Tout près de Gilles, tout près de Bruscambille, c'est Audinot, directeur de la Troupe modèle, où l'on trouve « des jeunes premiers sans fatuité, des amoureuses sans intrigue, des valets sans prétention. » Il s'agit de marionnettes.

Et Nicolet donc, avec sa devise : *De plus fort en plus fort*.

Mais, arrêtons-nous dans cette nomenclature. On n'en finirait pas si l'on voulait citer tous les pîtres de génie qui ont semé leur esprit sans compter, pour la plus grande dilatation des rates joyeuses des Bordelais nos aïeux.

TROISIÈME PARTIE

A TRAVERS BORDEAUX

Les Enceintes primitives de Bordeaux.

I

Lorsque les Romains furent les maîtres de Bordeaux, ils se déterminèrent à la construire en entier avec ce goût et cette solidité qui caractérisent leurs ouvrages. Ses murs offraient un parallélogramme dont les angles répondaient à l'entrée orientale de la rue de l'Ombrière, au fond de l'impasse Douhet, à la tour du Canon (rue de la Vieille-Tour) et aux cloîtres de l'église Saint-André. Du côté du levant, le mur de la ville avait trois portes. La première était dans la rue de la Tour-de-Gassies, la seconde près l'église Saint-Pierre, et la troisième à l'entrée de la rue Saint-Remi. Le mur méridional était percé de quatre portes. La première s'élevait dans la rue des Épiciers (du Pas-Saint-Georges), la seconde rue des Trois-Maries, la troisième à Porte-Basse, et la dernière à l'endroit où la rue des Palanques vient aboutir à la place Pey-Berland. Il est inutile de désigner la situation des portes du nord et du couchant, attendu qu'elles répondaient directement à celles que nous venons d'indiquer. Ausone a donné une idée succincte de l'enceinte de Bordeaux dans la description que l'on a lue plus haut. Mais Vinet en a fait connaître tous les détails dans les plans qu'il a joints à son *Discours des antiquitez de Bourdeaux*. Ce savant a déterminé dans le même plan les limites des deux accroissements de Bordeaux. On doit d'autant plus compter sur l'exactitude de ses recherches, qu'il subsistait encore alors de notables débris de ces anciennes limites.

II

Les Romains ayant été forcés d'abandonner les Gaules, la gloire de Bordeaux s'éclipsa avec eux. Les Wisigoths, les Francs, les Sarrasins et les Normands qui vinrent saccager successivement notre ville, en détruisirent presque tous les édifices. Les ducs d'Aquitaine la rebâtirent au commencement du xe siècle. L'ancien plan fut suivi; on se servit même, pour les murs de clôture, des débris des édifices romains, ce qui acheva de faire disparaître jusqu'à l'idée des beaux ouvrages dont Bordeaux avait été décorée. La ville ayant vu augmenter le nombre de ses habitants, son enceinte s'étendit du côté du midi. On construisit un mur de clôture qui prenait depuis la Porte-Basse et suivait jusque sur le port. Les portes de la Rousselle, Bouquière, Saint-James, du Cahernan, des Ayres et de Toscanam furent pratiquées dans ce mur, que l'on commença en 1189.

III

Au bout d'un siècle, la population de Bordeaux s'étant accrue et de nouveaux quartiers ayant été bâtis sur les côtés du nord et du sud, les murs de son enceinte furent étendus en 1302. On y renferma les faubourgs de Tropeyte, de Campaure, de Sainte-Eulalie, de Saint-Julien, de Saint-Michel et de Sainte-Croix, avec quelques portions de terrain au levant et au couchant. Les quatre points d'où partaient les lignes de la nouvelle enceinte étaient le lieu où s'élèvent les colonnes rostrales, la place Tourny, l'ancienne caserne Saint-Raphaël (hôpital Saint-André) et l'hospice des Vieillards (Sainte-Croix). On construisit alors les portes du Mirail, de Saint-Julien, de Sainte-Eulalie, du Far, de Saint-André, Dijeaux, de Saint-Germain, d'Audeyole, du Chapeau-Rouge, du Pont-Saint-Jean, des Salinières, de la Grave et de Sainte-Croix.

Le souvenir d'une époque aussi mémorable de la prospérité publique de Bordeaux fut consacré par une cérémonie rappelée en ces termes dans la *Chronique* :

« En mémoire de l'ancienneté et des limites de l'ancienne
» ville, annuellement il y a procession générale, où le
» maire et les jurats assistent; laquelle estant sortie hors
» de la dite ville et après avoir rentré en icelle et ouy le
» sermon en la plasse de la Corderie (rue Condillac), ou s'il
» fait mauvais temps dans les Jacobins (terrain des Quin-
» conces), le tout dans les anciens fauxbourgs de la dite ville,
» on se présente à la Porte-Médoque (coin des rues Sainte-
» Catherine et du Pont-de-la-Mousque), au devant de
» laquelle on chante avec la cérémonie accoustumée l'*Attol-
» lite portas*. »

On plaçait à cet effet une barrière volante à la porte Médoque; et là le curé de Saint-Mexant répondait en dedans aux antiennes que chantait en dehors le chapitre de Saint-Seurin. Cette cérémonie a été répétée jusqu'au 28 mars 1790, et peu de personnes parmi celles qui y assistaient en connaissaient le motif.

IV

Depuis le commencement du XIVe siècle, non seulement l'enceinte de Bordeaux n'avait reçu aucun accroissement, mais encore les arts qui contribuent à la décoration des cités n'y avaient élevé aucun monument digne de l'importance de la ville. Il était réservé au plus illustre de ses administrateurs de la faire sortir de l'état gothique dans lequel elle se trouvait, et de la doter des établissements dont elle manquait et qui lui étaient devenus nécessaires. C'est au célèbre intendant de Tourny qu'elle doit en partie ces avantages. Il y a plus : ce sont ces embellissements qui ont en quelque sorte donné naissance à ceux dont elle a depuis été décorée, soit parce qu'ils les ont préparés, en procurant des issues commodes à des terrains propres à l'exploitation et qui avaient été jusqu'alors abandonnés, soit en faisant naître chez les habitants le goût de la belle architecture, qui leur était inconnu.

C'est à ce goût, que Tourny a en quelque sorte importé à Bordeaux, que la ville doit les nombreux édifices qui ont depuis couvert les terrains livrés à l'exploitation. En effet, lorsque, de 1771 à 1780, les marais de la Chartreuse et la bordure méridionale du glacis du Château-Trompette furent mis en vente, ces emplacements trouvèrent bientôt de nombreux acquéreurs. Dès lors se multiplièrent les constructions qui ont donné naissance au faubourg des marais et au quartier du Chapeau-Rouge. Et vers 1830 les alentours de la promenade des Quinconces se sont couverts de magnifiques édifices qui attestent combien le goût de la belle et solide architecture s'est répandu à Bordeaux et s'y est développé.

Etudes sur les rues et places.

Impasse Barbot. — Barbot (Jean), né à Bordeaux en 1695, mort à Bordeaux en 1771. Président en la Cour des Aides dès 1718, en remplacement de son père, Romain Barbot, qui occupait cette charge depuis vingt-huit ans; élu le 4 septembre 1718 membre de l'Académie de Bordeaux, à laquelle il fut présenté par son ami le président de Montesquieu. Il en a été le directeur en 1721, 1727, 1731, 1739. Savant bibliophile, il possédait une bibliothèque remarquable qu'il donna à l'Académie en 1749. Son goût pour les lettres, particulièrement pour le droit et l'histoire, le mit en rapport avec un grand nombre de savants remarquables.

Montesquieu consultait le président Barbot sur ses ouvrages; on a même dit que Barbot collabora à quelques-uns.

Rue Belleville. — Belleville (N.), ancien confiseur, fit construire à Bordeaux, en 1774, dans les marais de la Chartreuse, une des plus belles salles de réunion de Bordeaux, à laquelle il joignit une salle de spectacle pour les enfants. Il fit venir de Paris, en 1774, un enfant de huit ans, nommé Moreau, qui jouait les rôles d'Arlequin d'une façon remarquable. Ses affaires ne furent pas heureuses; il mourut à Orléans en 1811, se rendant à Paris pour terminer un procès qu'il soutenait depuis trente ans contre les actionnaires du Grand-Théâtre de Bordeaux. Ses créanciers étaient nombreux ; la Compagnie Rodesse, qui avait acquis le vaste marais de la Chartreuse de M. le prince de Rohan, cardinal-archevêque de Bordeaux, lui réclamait encore, à sa mort, le prix de son terrain. On a donné son nom à la rue dans laquelle il demeurait à l'époque de sa mort.

Rue des Retaillons. — Près la place Picard aboutit la rue des Retaillons. Au commencement du dernier siècle, un tailleur nommé Jandot, qui avait fait fortune à l'île d'Haïti, fit bâtir le premier dans cette rue une belle maison qui était accompagnée d'un jardin d'agrément fort remarquable pour le temps. Et comme alors on n'avait pas encore inscrit le nom des rues dans les Chartrons, les habitants de ce quartier trouvèrent plaisant d'appeler rue des Retaillons celle que leur ancien voisin avait ouverte. On supposait qu'il devait sa fortune à l'attention qu'il avait eue, dans son métier, de ne pas jeter les rognures de l'étoffe qu'il exploitait, nommées en gascon *retaillons,* dont on accusait certains tailleurs d'autrefois de faire leur profit.

Place du Marché-des-Grands-Hommes. — La dénomination de ce marché peut d'abord paraître un peu singulière. Elle lui a été donnée à cause des rues qui viennent y aboutir, et qui toutes portent des noms d'hommes célèbres du dernier siècle. Le peuple avait trouvé plus naturel de l'appeler le « Marché des Récollets », parce qu'il est formé sur l'ancien couvent des Récollets, celui des Dominicains qui l'avoisinait n'ayant fourni que l'emplacement de la rue Mably, une des rues qui conduisent à ce marché.

Il a été ouvert au public le 1er mai 1806. L'on prétend même que les *regrattières* s'y abstenaient de tous jurons, parce qu'elles vendaient, disaient-elles, sur une terre sainte.

Le couvent des Récollets avait été construit en 1489 par les libéralités de la famille Caussade de Saint-Mégrin, qui avait de grandes propriétés en Guyenne. Il fut d'abord destiné à servir de maison de novices à celui des Cordeliers. Ces derniers l'ayant abandonné, Henri IV le donna aux Récollets, qui y furent installés le 7 janvier 1602 par le provincial des Cordeliers, en présence du cardinal de Sourdis. Comme ce couvent bordait une grande partie des fossés de l'Intendance, ces derniers sont nommés, dans certains plans de Bordeaux, les fossés des Récollets. Ce couvent possédait une superbe bibliothèque.

Rue Sainte-Eugénie. — La rue Sainte-Eugénie est nommée rue *Cache-Coucuts* sur les anciens plans de Bordeaux. Le peuple trouva plaisant de l'appeler *Cache-Cocus,* et cette dénomination étrange prévalut. La première cependant es a seule exacte, d'autant qu'elle est fondée sur un fait relatif à la situation de cette rue. Elle avait été formée sur un terrain planté d'oseraies, où venaient se nicher les coucous, qu'on nomme en gascon *coucuts.* Dans le même endroit abondaient aussi les merles, d'où vient le nom de la rue *Cante-Merle,* qui est à côté de la précédente. Quant à la dénomination de Sainte-Eugénie, qu'on a imposée vers 1840 à la rue Cache-Coucuts, les recherches des historiens n'ont rien appris sur son origine. Ce nom ne se trouve ni dans l'histoire de Bordeaux, ni dans les calendriers de cette ville. Cependant, lorsqu'on a changé les dénominations de certaines rues, il paraît qu'on avait eu le dessein d'y substituer des noms reconnus pour historiques.

Quai des Salinières. — Le quai des Salinières est ainsi appelé du premier nom de la porte Bourgogne, où il commence; il se prolonge jusqu'au quai de la Grave. La formation de ce quai date de 1775, d'après le passage suivant de la *Chronique:*

« Le 27 juillet, audit an, il fut pris une délibération dans l'Hôtel de Ville, qu'on feroit des proclamats de la place qui est entre la Tour-Dupin et la porte de la Grave, afin d'y construire des choppes et de faire un quay au-devant d'icelles. Cette délibération n'a esté exécutée que longtemps après. MM. les jurats ayant dû depuis bailler cette place à fief nouveau, l'on y a basty plusieurs belles choppes, et faict un quay au-devant, qui sert d'ornement à la ville et de commodité pour le port, qui estoit inaccessible dans cet endroit avant ladite réparation. »

Lorsqu'on forma la place Bourgogne, il s'élevait au centre de son emplacement un gros poteau en bois, d'environ quatre mètres de hauteur, que couronnait une toiture circulaire et dans lequel était nichée une petite statue. Ce poteau était en grande vénération auprès des marins de Bordeaux, qui l'appelaient *lou paü de senta Catalina*. Comme il gênait les travaux à faire sur cette place, les jurats ordonnèrent son transport au milieu du quai des Salinières, où il a subsisté jusqu'à la Révolution. Il dépendait d'une chapelle fondée dans l'église Saint-Michel, à laquelle appartenait l'argent jeté dans le tronc creusé dans le dit *paü*, provenant des collectes que les marins du haut pays avaient coutume de faire dans les mauvais temps auprès des voyageurs qu'ils transportaient, et après avoir chanté un vieux cantique en l'honneur de sainte Catherine, pour être préservés des ouragans.

Le bourreau levait autrefois un droit d'ancrage sur les bateaux chargés de bois à brûler qui abordaient au quai des Salinières. A mesure qu'ils arrivaient, il jetait à bord de chaque bateau un petit balai qu'on appelait *geneste* parce qu'il était fait de branches de genêt, et le batelier était tenu de venir à terre porter au bourreau un *faissonnat* ou trois bûches de la cargaison du bateau.

Rue de Brach. — Brach (Pierre de), sieur de Lamothe-Montussan, né à Bordeaux le 22 septembre 1547, cousin de l'historien du Haillan. Après de bonnes études faites dans sa ville natale, il alla prendre des leçons de droit à Toulouse, où il écrivit ses premiers vers, obtint de l'Académie des Jeux floraux le prix de l'*Églantine d'or* et se lia d'une étroite amitié avec le poète Du Bartas. Rentré à Bordeaux, il exerça la profession d'avocat, et connut intimement les hommes éminents qui vivaient dans cette ville à cette époque. Il épousa la fille du seigneur de Crognac, Anne de Perrot, qui fut sa seule inspiratrice, et qu'il a célébrée sous le nom d'Aymée; il la perdit le 8 juillet 1587, après en avoir eu huit enfants. A partir de ce moment, le malheureux poète, frappé dans ses plus chères affections, consacra son talent à chanter la mémoire de sa femme dans des vers plaintifs et touchants, pleins de sentiment et d'expression. En 1588, de Brach accompagna Montaigne à Paris. Nommé jurat de Bordeaux en 1595, il fut de nouveau envoyé à Paris pour y traiter quelques affaires de sa ville natale. Rentré dans la vie privée en 1597 et retiré dans sa belle terre de Montussan, il se consacra tout entier à l'achèvement et à la revision de ses ouvrages. La mort le surprit dans ces douces occupations vers 1605.

De Brach fut l'ami intime de Montaigne, et, à la mort de celui-ci, il fut chargé de recueillir les notes laissées par le grand écrivain pour une nouvelle édition des *Essais*. Il a consigné l'expression de la douleur que cette perte lui causa dans une belle et touchante lettre adressée à Juste Lipse, que nous possédons. Jacques Pelletier, Ronsard, Pasquier et presque tous les grands esprits du XVIe siècle furent liés avec de Brach.

Un Pierre-François de Brach, seigneur de Montussan, descendant du poète, était en 1778 chevalier d'honneur à la cour du Parlement de Bordeaux. Il mourut en 1789; il possédait une très belle bibliothèque.

Un autre descendant du poète, Gérard de Brach, chef

d'escadre, fut guillotiné à Bordeaux le 20 janvier 1794. Son cousin mourut à la même époque dans les prisons de Niort.

Quai Louis-XVIII. — I. Le quai Louis-XVIII a pris ce nom du roi sous le règne duquel il a été établi. Ce quai était auparavant bordé par le parapet du Château-Trompette. Aucun bateau ne pouvait y aborder, et le passage en était interdit même aux piétons durant la nuit. Cette forteresse fut vendue, en 1785, à une Compagnie qui devait en exploiter le terrain sur un plan donné par le célèbre architecte Louis, qui construisit le Grand-Théâtre. On avait commencé à jeter les fondements d'une longue ligne de maisons sur la façade du port qui devait s'appeler quai de Calonne, du nom du ministre des finances d'alors. Mais la vente fut résiliée deux ans après, et tous les travaux abandonnés. En 1808, l'empereur donna le Château-Trompette à la ville de Bordeaux à des conditions que les circonstances ne permirent pas de remplir. Huit ans après, le roi renouvela le même don, mais à titre gratuit. Ce terrain a depuis été utilement exploité au moyen de la formation du magnifique quartier des Quinconces, dont nous parlerons ailleurs.

II. Sur le quai Louis-XVIII on a construit : 1º en 1824, l'Entrepôt du commerce, édifice vaste et curieux dans son intérieur, mais dont l'extérieur est loin d'être en harmonie avec les belles constructions qui l'entourent; 2º en 1826, les Bains, qui forment deux établissements séparés; 3º en 1829, les Colonnes rostrales.

Les 18 juillet 1821, le feu prit à un navire étranger mouillé en face de ce quai. Les secours étant devenus impuissants pour le sauver, on parvint à le dégager de la ligne des bâtiments au milieu desquels il se trouvait, et à le remorquer sur le banc de sable des Queyries, où il se consuma. Sans de hardies et promptes manœuvres, la rade courait risque d'éprouver de graves sinistres. La vue perspective de cet incendie est le sujet d'une lithographie, une des premières qu'on ait exécutées à Bordeaux.

A ce propos, il n'est pas inutile de rappeler qu'un incendie autrement grave, celui-là, éclata en rade de Bordeaux le 29 septembre 1869, et causa des dégâts considérables.

Quai de la Douane. — Le quai de la Douane a pris le nom de l'édifice ainsi appelé, où commence ce quai, pour finir à la rue de la Cour-des-Aides. En ce dernier endroit, le ruisseau de la Devèze se jette dans la Garonne, après avoir traversé la ville de l'ouest à l'est. Ce quai s'appelait anciennement « quai des Anguilles », à cause des pêcheurs de ce poisson, qui y affluaient l'été.

Cours d'Albret. — Albret (le cardinal Amanieu d'), évêque de Bazas en 1503, promulgua les *Antiquæ Constitutiones synodales Vasatensis diœcesis*, rédigées en 1500 par Philippe Varaguis, évêque *in partibus* de Tagaste, et publiées par Simon Millanges en 1584; il appela à La Réole le typographe Jean-Maur Constantin. Mourut en 1520 et fut enterré à Casteljaloux.

Albret (Henri d'), 1503-1555. Roi de Navarre, gouverneur de Guyenne de 1528 à 1555. Épousa Marguerite de Valois, sœur de François Ier. Fut le père de Jeanne d'Albret et le grand-père d'Henri IV.

Albret (César-Phébus d'), comte de Miossens, puis maréchal; né en 1614, mort à Bordeaux le 3 septembre 1676. Obtint un régiment d'infanterie en 1635; capitaine au régiment des gardes françaises en 1639; maréchal de camp en 1645; lieutenant général des armées du roi en 1650. Pourvu du gouvernement de Guyenne au mois de novembre 1670, il fit son entrée à Bordeaux en juin 1671 et y signala son passage par une sage administration. Il y fit planter, en 1672, les arbres du cours qui porte son nom, et construire une porte de ville à laquelle on avait donné aussi son nom et qui fut détruite cent ans plus tard.

Rue Billaudel. — Billaudel (Jean-Baptiste-Basilide), ingénieur, géologue, antiquaire, biographe, né à Rethel le 22 juin 1793, mort à Cenon-La Bastide le 23 juin 1851. Entré au lycée de Reims en 1804, à l'École polytechnique en 1810 et à l'École des ponts et chaussées en 1813; coopéra aux fortifications de Paris en 1814; vint à Bordeaux à la fin de la même année; s'enrôla et servit en qualité d'officier du génie pendant les Cent-Jours, après lesquels il reprit ses fonctions d'ingénieur des ponts et chaussées; visita en cette qualité les Basses-Alpes, la Nièvre et les Ardennes, et vint se fixer à Bordeaux où, de 1818 à 1838, il s'associa aux grandes entreprises de son beau-père, M. Deschamps, inspecteur général des ponts et chaussées; il construisit le pont suspendu de Langon de 1828 à 1831. Il donna le premier aux ouvriers l'exemple de visiter le fond de la Garonne au moyen des cloches à plonger. Député de la Gironde sous le gouvernement de Juillet, conseiller général, maire de Bordeaux, et député de la Gironde à l'Assemblée nationale en 1848.

Rue d'Albret. — Albret (Alain d'). La famille d'Albret fut l'une de celles dont la puissance résista le plus longtemps à l'absorption du pouvoir par l'autorité royale; une de celles qui ont joué un grand rôle dans l'histoire du sud-ouest de la France. L'un de ses membres les plus importants, quoique peu connu, fut Alain d'Albret (1440-1522), qui vécut retiré dans son duché. Ni ennemi obstiné ni courtisan assidu du pouvoir royal, il sut traverser cinq règnes sans être trop violemment inquiété, et transmettre à ses successeurs, dont le dernier fut Henri IV, la principauté la plus vaste que la féodalité ait conservée après Louis XI.

Albret (Charles d'), tué à la bataille d'Azincourt, le 25 octobre 1415. Accompagna, en 1390, Louis, duc de Bourbon, en Afrique; connétable de France en 1402; alla attaquer les Anglais en Guyenne en 1403; mit sans succès le siège devant Blaye et sous Bourg en 1405.

Rue Sanche-de-Pomiers (anciennement *rue des Pommiers*). — Guillaume-Sanche de Pomiers, vicomte de Fronsac, vécut au XIVe siècle. Peu d'années après la signature du traité de Brétigny (1360), il conspira avec le sire d'Albret et quelques autres seigneurs gascons, dans le but de restituer la Guyenne à la France. Arrêté à Libourne, jugé par la haute cour de Gascogne (instituée à Bordeaux en 1370 par le roi d'Angleterre), il fut condamné à mort le 16 avril 1378, et fut exécuté en mai suivant devant le château de Lombrée (Palais de l'Ombrière).

Les pièces du procès et le texte de l'arrêt sont conservés en Angleterre (Chancellerie : *Roll's record*).

Il en a été pris copie par M. Grellet-Balguerie, qui a communiqué ces documents à la Société des Archives historiques de la Gironde en décembre 1887.

Quelques mois plus tard (en 1888 par conséquent), l'Union patriotique de la Gironde, dont M. Gruet était alors président, et M. Eugène Forel secrétaire général, adressa une demande à la municipalité de Bordeaux, tendant à faire donner à l'une des rues de la ville le nom du patriote gascon du XIVe siècle. Il fut alors découvert que la rue du vieux Bordeaux dite *rue des Pommiers* s'était primitivement appelée *rue de Pomiers*. Pour éviter toute altération à l'avenir, il fut décidé qu'elle porterait désormais le nom complet de *Sanche-de-Pomiers*.

Quai de la Bourse. — Le quai de la Bourse borde les places Richelieu et de la Bourse (anciennement place

Royale). Dans la partie septentrionale de ce quai, auparavant appelé quai du Chapeau-Rouge, les jurats permirent en 1763 à un particulier de faire construire, sur des piliers bâtis dans la Garonne, les premiers bains publics qu'on ait vus à Bordeaux. Ils ont subsisté jusqu'en 1826, ainsi qu'un pareil établissement formé en 1800 à l'autre extrémité du même quai, sous le nom de Bains orientaux.

Place Puy-Paulin. — L'ancienne paroisse de Puy-Paulin faisait partie du tènement de Campaure. Un titre de 1356 porte cette désignation : « *In parochia Beatæ Mariæ de Podio Paulini, in carreyra quæ est supra fossatum, loco vocato a Campauria.* » Ce nom se conservait encore dans le xviie siècle, car la *Chronique* rapporte qu'à l'entrée du maréchal de Thémines, en qualité de commandant de Bordeaux, le 28 avril 1624, les troupes bourgeoises stationnaient depuis la porte du Chapeau-Rouge jusqu'à l'ormeau de Campaure.

Rue Blanc-Dutrouilh. — Blanc-Dutrouilh (Pierre-Romain), né à Bordeaux le 29 janvier 1776, mort à Bordeaux le 7 février 1843. L'un des fondateurs de la Caisse d'épargne et du Dépôt de mendicité de Bordeaux. Adjoint au maire de Bordeaux le 2 avril 1816. Son œuvre la plus importante est la démolition du Château-Trompette et la création du quartier des Quinconces, où existe la rue qui porte son nom. Membre de l'Académie de Bordeaux en 1823, son président en 1831.

Rue Bense. — La rue Bense est une des premières qui aient été ouvertes dans le faubourg de Bacalan. Par acte du 19 septembre 1717, Nicolas Bense, ancien juge au Tribunal de commerce et jurat de Bordeaux, acheta un petit domaine rural appartenant à la demoiselle Richard. Sur la partie de ce domaine qui bordait le quai de Bacalan, il fit construire trois belles maisons uniformes, et sur le derrière trente-six échoppes rangées sur deux lignes parallèles. L'une de ces trois maisons est traversée par un arceau voûté qui sert d'entrée à la rue Bense.

Rue Boudet. — Boudet (comte Jean), né à Bordeaux le 19 février 1769. Fit ses premiers pas dans la carrière militaire en Hollande, comme sous-lieutenant dans la légion de Moullebois; s'engagea vers 1792 dans le bataillon de volontaires de la Gironde où il fut nommé lieutenant; se rendit à l'armée des Pyrénées occidentales, s'y distingua et fut nommé chef de bataillon en 1793; se trouva au siège de Toulon, et, après la prise de cette ville, partit pour reconquérir les colonies que les Anglais nous avaient enlevées. Débarqué à la Guadeloupe dans la nuit du 4 au 5 avril 1794, il débarrassa en peu de temps cette colonie de l'occupation anglaise, et en récompense de ses services fut nommé général de division (1796).

Revenu en France en 1798, il fut envoyé à l'armée de Hollande et repoussa les Anglo-Russes à Castricane. En 1890, il commanda l'avant-garde de la réserve de l'armée d'Italie et contribua à la victoire de Marengo; en 1802, il fut renvoyé à Saint-Domingue avec l'expédition commandée par le général Leclerc, s'empara de Port-au-Prince et fut blessé à l'attaque de la Crête-à-Pierrot; en 1803 il revint en France et fut envoyé de nouveau à l'armée de Hollande, puis à l'armée d'Allemagne, où il resta jusqu'en 1809, et se distingua par de nombreuses actions d'éclat; mourut en juillet 1809 dans son cantonnement, à Budwitz, deux mois après la bataille de Wagram, par suite de fatigues excessives. Il était grand-officier de la Légion d'honneur. Son nom est gravé sur l'Arc-de-Triomphe de l'Étoile.

Rue Poyenne. — La rue Poyenne est ainsi appelée parce que M. Poyen y avait établi une manufacture de savon, qui eut un succès équivoque, vers le commencement du siècle dernier. On trouve dans les registres de l'Hôtel de Ville une permission accordée, le 17 août 1753, à la dame Verdier, veuve Poyen, pour rétablir la savonnerie que son mari avait fondée dans cette rue. L'entreprise ayant fini par échouer, divers négociants formèrent dans le même local une réunion de Société qui eut une certaine célébrité pendant plusieurs années sous le nom de *Bal anglais*.

Rue Lagrange. — La grande rue Lagrange, qui débouchait autrefois sur le cours Saint-André, aujourd'hui cours Portal, est ainsi appelée du nom d'un particulier qui y découvrit, il y a un demi-siècle, une source aussi abondante que celle de Figueyreau, dont elle était voisine. Dans un *Mémoire* sur les fontaines projetées à Bordeaux en 1791, on a proposé de faire servir la source de Lagrange pour fournir des eaux au faubourg des Chartrons, qui en manquait.

Quai de la Grave. — Le quai de la Grave s'étend depuis l'endroit (fin du quai des Salinières), où s'élevait l'ancienne porte de ce nom, jusqu'à celle de la Monnaie. Entre les limites de ce quai fut établie en 1673 la fontaine appelée *Font de l'Or*, près de laquelle on voyait encore, vers 1840, une machine hydraulique qui servait à élever une eau de source pour alimenter les fontaines placées en plusieurs lieux du port. En 1763, les jurats voulant récompenser le fontainier qui avait imaginé cette machine, lui accordèrent le droit de conduire, par un tuyau souterrain, les eaux de cette source jusque sur les bords de la rivière, et d'y établir un regard au moyen duquel il pourrait remplir d'eau les tonneaux que les navires de la rade devraient charger pour la provision de leurs équipages. Afin de faciliter l'opération, le fontainier reçut d'abord ces tonneaux autour de la fontaine, où il offrit de les nettoyer intérieurement, de les rebattre et de les garder moyennant un léger salaire.

Cours du Pavé-des-Chartrons. — Ce n'était, il y a un siècle, qu'une large route fangeuse, qu'on appelait le chemin de la Fausse-Braye parce qu'il bordait la contrescarpe du Château-Trompette du côté où était pratiquée une porte masquée de cette forteresse. Tourny fit commencer sur ce chemin un cours pavé, dont la chaussée était bordée de deux rangs d'arbres : c'est ce qui fit donner à cette allée le nom de Pavé des Chartrons, qu'on finit par changer en celui de *cours*. Il a été prolongé jusque sur le port, depuis la démolition du Château-Trompette, et l'on a construit des maisons sur le côté méridional, qui n'était pas bâti. Il eût été à désirer qu'on eût continué la façade uniforme que Tourny avait prescrite pour les maisons élevées sur le côté septentrional.

Quai de Bourgogne. — Depuis l'embouchure du ruisseau de la Devèze jusqu'au pont s'étend le quai de Bourgogne, ainsi appelé de la place de ce nom, dont nous avons parlé. Près de cette place, et avant la construction du pont, était une cale pour les bateaux servant au passage de La Bastide, lequel s'exploitait au profit de la Ville depuis 1764.

Quai de Paludate. — Ce quai ne présente à l'étude historique aucune particularité intéressante. Il est cependant bon de faire observer qu'à l'entrée du quai de Paludate fut établi, pendant très longtemps, le chantier de la marine royale. Il fut enfin autrefois le centre d'un certain mouvement pour le commerce du blé, des vins, des savons et des cafés — qui étaient emmagasinés dans les nombreux *chais* et entrepôts des alentours.

Nous avons reçu la lettre suivante :

« Monsieur,

» Dans vos publications si intéressantes et si lues : *A travers Bordeaux*, vous n'avez pas oublié le quai de Paludate, et vous dites avec raison qu'il ne présente rien de particulier au point de vue historique. Il y a cependant une maison occupée aujourd'hui par les *chais* de M. Cestrières, où on montrait encore, avant sa transformation, une chambre qui avait reçu, disait-on, Napoléon Ier à l'un de ses passages à Bordeaux. Cette maison — ce *chai* — est encore connue des vieux habitants du quartier sous le nom d'hôtel de Grammont. Comme vous le voyez, c'est un simple souvenir dont vous ferez ce que bon vous semblera.

» De même, à propos de la rue Sainte-Eugénie ([1]), autrefois « Cache-Cocus », permettez-moi de vous signaler, à l'appui de ce que vous avez très exactement rapporté, une grossière sculpture à la hauteur du premier étage de la maison qui fait le coin de la rue Saint-Joseph, et au bas de laquelle il y a un débit de vins. Cette sculpture représente un « cocu », ou tout autre oiseau, se cachant « dans le vime », comme disent les tonneliers.

» Veuillez agréer, etc. » J. GASPARD. »

Place Fégère. — Cette place, qui sépare le cours Portal (autrefois appelé cours Saint-André) de celui du Jardin-Public, fut formée en même temps que ces deux cours. Les registres de l'Hôtel de Ville contiennent, à l'occasion de la dénomination de cette place, une anecdote que nous croyons devoir rappeler : Le 13 juillet 1769, les jurats rendirent une ordonnance portant qu'on inscrirait les noms des rues des Chartrons, qui n'étaient connus que par tradition. M. Latour-Féger, ancien jurat et négociant distingué de Bordeaux, fit

---

([1]) Voir page 85.

effacer son nom, que les propriétaires de son voisinage avaient depuis longtemps donné à une place sur laquelle était sa demeure. Ceux-ci s'obstinant à vouloir qu'on replaçât l'inscription, les jurats délibérèrent, le 27 du même mois, « que le nom de place Féger serait conservé à l'emplacement triangulaire où aboutissaient les rues Cornac, Dufau et Traversière. » On a vu que, par corruption, la place *Féger* est devenue place *Fégère*.

Rue Barennes. — Barennes (Raymond), né à Agen (Lot-et-Garonne) le 22 septembre 1737 d'après M. Andrieu, en 1746 d'après d'autres auteurs; mort à Paris en septembre 1800. Reçu avocat au Parlement de Bordeaux en 1763 ou 1765; syndic de l'ordre en 1775; nommé en 1781 professeur de droit français à la place de M. de Lamotte, à l'Université de Bordeaux. Né de parents pauvres. Son grand-père, riche négociant à Agen, n'ayant rien laissé à son père, Raymond Barennes eut pour ce dernier les plus beaux sentiments. Membre de la Société des sciences, belles-lettres et arts d'Agen en 1784; nommé en 1784, par les jurats de Bordeaux, censeur du *Journal de Guienne;* nommé plus tard procureur général syndic de la Gironde; député à l'Assemblée législative en 1792. Il fut accusé devant la Commission militaire de ne pas s'être élevé contre Lafayette alors qu'il était membre de l'Assemblée législative; d'avoir adhéré à la Commission populaire alors qu'il était accusateur public du département de la Gironde; il fut acquitté le 11 messidor an II. Membre du Conseil des Anciens après la chute de la Convention; réélu membre de l'Assemblée législative en 1798; membre du Commissariat des prises à Paris en 1800. Il mourut à Paris, laissant six enfants.

— M. Aurélien Vivie, le très aimable secrétaire général de l'Académie des sciences, belles-lettres et arts de Bordeaux, veut bien compléter cette notice. Il s'agit de la date de naissance de *Barennes*, baptisé le 25 décembre 1737. Voici, en effet, l'acte qui le constate :

« Paroisse Sainte-Foy-d'Agen. — Le 25 décembre 1737 a été baptisé Jean-Baptiste-Raymond Barennes, fils légitime et *naturel* de Jean Barennes et de Jeanne Métou. Parrain : Raymond Barennes. Marraine : Pauline Argelès. Signé : Lamoux, vicaire. »

Place Pey-Berland. — Berland (Pierre ou Pey), archevêque de Bordeaux, né à Avensan (Médoc) vers 1375. Fils d'un propriétaire cultivateur. Il reçut d'abord un commencement d'instruction auprès de Raymond de Bruges, notaire retraité et retiré sur son domaine à la limite de Castelnau ; puis il vint étudier aux écoles de l'archevêché et plus tard à l'Université de Toulouse, où il prit ses grades canoniques.

Ordonné prêtre en 1400, il revint à Bordeaux, où il fut nommé chapelain des Carmes. Le cardinal-archevêque François II Hugotion se l'attacha comme secrétaire en 1407. Cette même année, Pey Berland le suivit en Italie pour travailler à l'extinction du schisme d'Occident ; il y resta jusqu'en 1412, année de la mort de ce cardinal à Florence, dont il conduisit à Rome la dépouille mortelle. Pey Berland fit alors le pèlerinage de la Terre-Sainte, et à son retour à Bordeaux, il fut nommé simultanément chanoine prébendé de la cathédrale Saint-André et curé de Bouliac.

Les suffrages réunis du chapitre, des jurats et des lieutenants du roi d'Angleterre le portèrent à l'archevêché de Bordeaux en 1430. Le pape Martin V ratifia cette élection populaire, et voulut sacrer en personne le nouveau prélat à Rome.

Intronisé en 1431 sur le siège métropolitain de la Guyenne, il défendit l'autonomie de cette province contre les prétentions du roi de France, et il adoucit pour ses diocésains les maux de la guerre.

De 1441 à 1451, il fonda l'Université de Bordeaux, le collège Saint-Raphaël et l'hôpital Saint-Pierre. Il fit construire le campanile de Saint-André, appelé encore aujourd'hui la tour Pey-Berland, et la chapelle Notre-Dame des Roses, à Saint-Seurin. Il restaura les églises de Lormont, de Bouliac et de Soulac; enfin, membre de la Cour souveraine de Gascogne, il signa, au nom du roi d'Angleterre, deux trêves successives entre Charles VII et les Anglo-Gascons.

Ce fut encore Pey Berland qui traita de la première capitulation de Bordeaux, en 1451, avec les lieutenants de France, aux conditions les plus avantageuses pour ses diocésains. Il fut à nouveau leur médiateur en 1453, lors de la conquête définitive de la Guyenne par Charles VII; mais à partir de ce moment il ne joua plus aucun rôle politique. Démissionnaire de son archevêché en 1457, il se retira au collège Saint-Raphaël, où il mourut saintement, disent les *Statistiques*, le 17 janvier 1458. Du reste, son amour des pauvres et des lettres est rappelé par tous les biographes.

II. Le prolongement de la rue du Peugue (cours d'Alsace-et-Lorraine), depuis la porte méridionale de l'église Saint-André jusqu'à la place Rohan, est nommé *rue Martiny* dans un ancien plan. La reconnaissance publique lui imposa ce nom, qu'on ne devait pas oublier, car c'est celui d'un des plus courageux magistrats de son temps, qui habitait dans cette rue. Lorsque, vers la fin des troubles de la Fronde à Bordeaux, les habitants amis de l'ordre public, qui s'intitulaient avec raison *les Bien-Intentionnés*, et que la faction de l'Ormée appelait *les Chapeaux Rouges*, cherchaient à se délivrer de la tyrannie de cette faction, Pierre Martiny, président de la juridiction consulaire, leur offrit l'hôtel de la Bourse pour se réunir dans cet objet. Il fit plus : il présida leurs assemblées depuis le 19 juillet 1653 jusqu'au 6 août suivant, et brava les dangers attachés à une pareille fonction au milieu d'une populace révoltée. On délibéra, dans ces assemblées, de députer vers les généraux de l'armée royale qui cernait Bordeaux, et l'on conclut avec eux une capitulation qui fut suivie de l'amnistie que Louis XIV accorda à notre ville le mois suivant.

Boulevard Jean-Jacques-Bosc. — Bosc (Jean-Jacques), négociant, né à Castres (Tarn) le 10 avril 1757. Prit à Bordeaux un rang distingué dans le haut commerce; élu membre de la Chambre de commerce de Bordeaux en 1823, député de la Gironde de 1829 à 1831, membre du Conseil général de la Gironde de 1831 à 1833, il est décédé au Béquet, commune de Villenave-d'Ornon, le 22 septembre 1840, entouré de l'estime générale. Son nom a été donné à la partie sud des boulevards de Bordeaux.

Rue Blanchard-Latour. — Blanchard-Latour (Jean-Marie-Georges Latour, dit Blanchard), né à Bordeaux en 1804, mort à Bordeaux le 8 juin 1875. Bienfaiteur de sa ville natale, à laquelle il légua la plus grande partie de ses biens, à charge par elle de servir une rente viagère à sa sœur; de donner 100,000 fr. aux hospices, une rente de 600 fr. au Dépôt de mendicité; d'entretenir à l'École des Beaux-Arts un élève dans chacune des sections de peinture, de sculpture et d'architecture; de remettre chaque année à la Société Philomathique 500 fr. pour des prix à distribuer aux élèves qui auront montré le plus d'aptitude à l'étude de leur profession, et pareille somme pour secours à distribuer aux élèves pauvres les plus studieux. Blanchard-Latour, élevé dans l'ombre d'un pauvre atelier de ferblanterie, ne dut qu'à un travail incessant et à une parfaite honnêteté d'arriver à l'aisance, puis à la fortune. Il fut un des bons élèves de Lacour le fils; mais sa situation pécuniaire ne lui permit pas de suivre dans la carrière des arts ses amis

Adrien Dauzats, Brascassat, etc. Il fut l'un des fondateurs de la Société des Amis des Arts de Bordeaux. Il fut sans cesse le père de ses ouvriers et devint membre du bureau du Syndicat général du bâtiment, président *inamovible* de la Chambre syndicale des entrepreneurs de ferblanterie et de plomberie. Son cercueil a été, le 31 mars 1886, transféré dans un tombeau dû aux talents réunis de MM. Brun et de Coëffard. Son éloge a été prononcé par M. Daney, maire de Bordeaux, et par M. Marionneau, correspondant de l'Institut.

Rue Porte-Dijeaux. — Cette rue tire son nom de la porte monumentale qui, lors du troisième accroissement de Bordeaux, en 1305, fut construite à côté de la Tour du Canon (rue de la Vieille-Tour).

Un aubergiste-cabaretier, Furet, dit « Jovial », avait installé, en 1814, un établissement populaire, rue Porte-Dijeaux. Le bonhomme se piquait d'érudition. A l'instar du fameux boulanger qui ouvrit à Paris, dit-on, le premier restaurant, Furet avait tracé au charbon, sur les murs, la devise suivante : « *Venite ad me, omnes qui stomacho laboratis, et ego restaurabo vos.* » Personne ne comprenant, il y avait foule ; et comme la cuisine n'était pas plus méchante qu'à côté, le cabaret était toujours plein.

Rue Baste. — Baste (Pierre), contre-amiral, comte de l'Empire, né à Bordeaux le 21 novembre 1768, mort le 16 février 1814. Simple marin en 1781, a passé par tous les grades ; enseigne auxiliaire en 1793, il se fit remarquer par sa bravoure à la prise de Malte, au combat d'Aboukir, au siège d'Alexandrie ; capitaine au long cours en 1794 ; en 1795, il commandait la flottille armée sur les lacs de Mantoue, qui fit ouvrir les portes de la place ; en 1801, se distingua à Saint-Domingue ; capitaine de frégate en 1803 ;

en 1804, libérateur du Havre; en 1807, appelé à la grande armée, il commanda une flottille à Dantzig; en 1808, il s'empara de la ville de Jaen (Espagne). Il retourna en Allemagne en 1809, où il fut nommé colonel des marins de la garde impériale; il arma une flottille sur le Danube, facilita le passage de notre armée et prépara la victoire de Wagram. Après la paix de Vienne, il devint gouverneur de Soria (Espagne), purgea la province des brigands qui l'infestaient et leur enleva la ville d'Almanza qui leur servait de refuge. Contre-amiral le 19 juillet 1811; appelé à la Grande Armée le 22 mai 1812, il prit part à la campagne de Russie, et mourut en 1814 des suites d'une blessure reçue au combat de Brienne.

Rue d'Aviau. — Aviau du Bois de Sanzay (Charles-François d'), né le 7 avril 1736 au château du Bois de Sanzay (diocèse de Poitiers). Termina ses études au séminaire de Saint-Sulpice, à Paris; fut d'abord chanoine et grand-vicaire du diocèse d'Angers; nommé archevêque de Vienne en 1789, il refusa de prêter serment à la Constitution et s'expatria en 1792; rentra en France en 1797, à pied, le bâton à la main, habillé en paysan, et prêchant au milieu des campagnes qu'il parcourait. En 1802, il fut nommé archevêque de Bordeaux, présida à la réouverture des églises catholiques; consacra tout son temps, ses revenus à des œuvres de bienfaisance, et employa ses moments de loisir à la culture des lettres, où il a pu montrer que son savoir était à la hauteur de son grand cœur et de sa grande modestie. Mourut à Bordeaux le 11 juillet 1826, à la suite d'un incendie (le feu prit aux rideaux de son lit), laissant des regrets unanimes; il fut inhumé dans l'église Saint-André. Son portrait a été peint, souvent gravé ou lithographié; on le trouve dans la plupart des anciennes familles catholiques de Bordeaux.

Quai de Bacalan. — Joseph de Bacalan fut confirmé dans son titre de vicomte de Cumont en avril 1744. Il fut jurat de Bordeaux, avocat, puis conseiller lay au Parlement de Bordeaux.

Son fils, André-Timothée-Isaac de Bacalan, né en 1736, fut conseiller au Parlement de Bordeaux, plus tard maître des requêtes, président au Parlement de Bordeaux en 1760, professeur de droit à l'Université de notre ville, membre de l'Académie de Bordeaux en 1769. A écrit de nombreux ouvrages.

Il eut un fils, Timothée, avocat, qui devint adjoint au maire de Bordeaux le 12 novembre 1810; conseiller de préfecture le 12 novembre 1811, conseiller à la Cour de Bordeaux le 12 mai suivant, et renommé au même poste le 24 janvier 1816. Mort à Bordeaux en 1835.

Rue J.-J.-Bel. — I. Bel (Jacques), conseiller au Parlement de Bordeaux, receveur des tailles, propriétaire du château de Savignac et de nombreuses terres entre Bazas et La Réole; acheta en 1702 à M. de Fayet, conseiller au Parlement, de vastes terrains qui se trouvent actuellement au midi des allées de Tourny, et fit construire en 1708 l'hôtel qui devait devenir plus tard l'hôtel de l'Académie. Jacques Bel était un ami des belles-lettres et un magistrat éclairé. Il envoya son plus jeune enfant, Jean-Jacques, faire ses études au célèbre collège de Juilly, où il le laissa jusqu'à dix-huit ans; puis il se chargea seul de perfectionner son éducation, et plus tard son fils écrivait « avoir plus profité des conversations de son père que de la lecture des auteurs classiques. »

Jean-Jacques Bel venait d'entrer dans sa dix-neuvième année, dit M. Feret, au moment où le duc de La Force fonda l'Académie de Bordeaux; lui aussi voulut créer une Académie, et il obtint de ses parents de réunir dans la maison paternelle quelques jeunes gens de son âge et de son rang qui s'entretinrent durant six ans, tous les jeudis, de matières relatives aux beaux-arts, à la littérature et aux sciences morales. La question à l'ordre du jour était d'abord traitée par écrit par un des assistants, puis discutée de vive voix dans l'assemblée. Le Mémoire produit était ensuite remis à deux de ses membres qui, dans l'assemblée suivante, présentaient un rapport et leur avis motivé sur le travail et sur la discussion orale qui avait eu lieu à ce sujet. Nous avons relaté la formation de cette petite Académie, convaincus qu'elle exerça une influence heureuse sur l'avenir du littérateur distingué dont nous donnons ci-après la biographie.

II. Bel (Jean-Jacques), né à Bordeaux le 20 mars 1693, mort à Paris le 15 août 1738, fils de Jacques Bel et de Marie Gauffreteau de Châteauneuf. Avocat distingué; puis, le 15 mai 1726, conseiller au Parlement de Bordeaux; bibliophile; littérateur; un des bienfaiteurs de l'Académie de Bordeaux, dont il fut membre le 17 juin 1736 et directeur en 1737, et à laquelle il légua son hôtel des allées de Tourny et sa bibliothèque, devenue depuis 1793 la Bibliothèque de la ville de Bordeaux, ainsi qu'une maison rue Mautrec et une autre rue Poudiot (rue Teulère), à charge de tenir cette bibliothèque ouverte au public trois fois par semaine et de donner un traitement annuel de 800 fr. à son conservateur. Il mourut à Paris et fut inhumé dans l'église Saint-Eustache.

Place du Marché-des-Chartrons. — Cette place a été formée en 1800, sur le terrain des jardins de l'ancien couvent des Petits-Carmes. On y a établi un marché quotidien, qui contient encore relativement peu de marchandises, quoiqu'il soit au centre d'un quartier populeux.

Les Archives départementales subsistaient sur le côté méridional de cette place, dans un des dortoirs du couvent des Petits-Carmes. On sait que nos Archives contiennent non seulement les anciens papiers et registres de l'administration départementale, mais encore ceux des divers tribunaux supprimés dans la Gironde, des couvents et chapitres que ce département renfermait, et les minutes des notaires de Bordeaux, auparavant déposées dans le garde-notes de notre ville.

Au milieu du siècle dernier, le Père Canteloup, petit-carme de Bordeaux, avait établi dans ce couvent une des meilleures pharmacies de la ville. Comme il était très versé dans la chimie et la botanique, il cultivait dans le jardin du couvent plusieurs plantes médicinales dont il se servait dans ses compositions pharmaceutiques. La plus renommée était l'eau de mélisse, dont il est l'inventeur, et qui est connue sous le nom d'Eau des Carmes. Il en débitait une si grande quantité, qu'on disait alors dans les Chartrons que le Père Canteloup distillait plus d'eau que tous ses confrères ensemble ne buvaient de vin. Cet homme utile est mort vers 1840.

Rue Ausone. — I. Ausone (Julius Ausonius), père du poète, sénateur honoraire de Rome et de Bordeaux; né à Bazas en 287, mort à Bordeaux dans un âge avancé, après avoir été médecin de l'empereur Valentinien et préfet d'Illyrie. Il avait épousé Æmilia Æonia, née à Dax d'une famille distinguée, et fille de Cœcilius Agricius Arborius. Julius Ausonius avait composé plusieurs ouvrages dont les contemporains ont parlé avec éloge, mais qui ne sont pas parvenus jusqu'à nous. Marcellus Empiricus, dans la préface de son livre, le nomme parmi les grands médecins auxquels il a emprunté les remèdes de son Recueil; au chapitre XXV du même ouvrage, il le cite encore à propos d'un spécifique qu'il avait découvert contre la goutte et dont il donne la composition et le mode d'emploi. Ausone exerçait son art gratuitement pour les indigents; une tradition recueillie par Jouannet affirme que son nom a été donné à deux fontaines auprès de Bazas, parce qu'il avait coutume d'aller s'asseoir sous les arbres qui les ombrageaient pour donner ses consultations aux pauvres habitants des landes. Son fils l'a célébré dans ses ouvrages en vers touchants.

II. Ausone (Décius ou Decimus-Magnus Ausonius), fils du précédent et de Æmilia Æonia, son épouse, né à Bordeaux en 309; célèbre poète latin. Le rhéteur Arborius, son oncle, se chargea de sa première éducation, et le confia ensuite aux soins des excellents professeurs que Bordeaux possédait à cette époque. Nous savons, par le poète lui-même, que Macrinus, Staphylius, Luciolus, Minervus, etc., lui donnèrent tour à tour des leçons. Son éducation terminée à Toulouse, où son oncle Arborius était allé enseigner la rhétorique, Ausone débuta à son tour dans l'enseignement. Il professa avec éclat la grammaire à Bordeaux, et épousa Attusia-Lucana Sabina, fille du sénateur Attusius-Lucanus Talisius; il la perdit très jeune et resta fidèle à sa mémoire; il en avait eu trois enfants, dont l'un, Hespérius, parvint aux grands emplois. La renommée d'Ausone grandissant, l'empereur Valentinien Ier l'appela à la cour, alors à Trèves, et le nomma précepteur de Gratien, héritier de l'empire. Élevé à la questure, créé comte, comblé d'honneurs et de dignité, Ausone vit sa faveur augmenter encore quand, en 375, son impérial élève arriva au pouvoir. Nommé préfet d'Afrique et d'Italie, puis préfet des Gaules avec Hespérius, il fut enfin revêtu de la première charge de l'empire en 379. Son consulat marque l'apogée de sa fortune; trois ans plus tard, Gratien mourait, et, malgré les bienfaits et les instances de Théodose, Ausone quitta la cour et revint jouir dans sa patrie des richesses et de la considération qu'il avait acquises. Il possédait dans les environs de Bordeaux le domaine de Lucaniacus, qu'on place à Saint-Georges-de-Montagne, arrondissement de Libourne, et la *Villula*, qu'il a chantée, et dont M. Reinhold Dezeimeris croit avoir découvert l'emplacement à Loupiac, canton de Cadillac, arrondissement de Bordeaux. C'est dans ces résidences et au sein des lettres et de l'amitié que s'écoula sa paisible vieillesse; il mourut vers 394. Ausone fut lié avec tous les hommes éminents de son époque : Symmaque, Æcius Paulus, Théon, saint Paulin, pour ne citer que ceux-là, furent ses amis. Toute la vie de ce poète est dans ses ouvrages, qui fournissent de précieux renseignements sur l'histoire et les mœurs de son temps.

Rue Notre-Dame. — La rue Notre-Dame est la plus ancienne et la plus longue rue des Chartrons. Là s'élevait depuis 1735 le couvent des Carmes déchaussés, vulgairement appelé des Petits-Carmes, parce que cet ordre était une réforme des Grands-Carmes, faite par sainte Thérèse en 1564. L'origine de ce couvent est singulière, car il fut bâti au moyen des bénéfices résultant d'une loterie établie à cet effet à Bordeaux. Il en remplaçait un autre qui avait été fondé en 1626 sur le terrain du Château-Trompette, et qu'on démolit pour former l'esplanade de ce château en 1671. Alors on construisit pour ces mêmes religieux un couvent dans la rue Montméjan. C'est de ce dernier couvent que fut extraite la population de celui des Chartrons, qui formait le seul établissement ecclésiastique qu'il y eût dans ce faubourg.

Rue Pomme-d'Or. — A la rue Notre-Dame aboutit la rue Pomme-d'Or. Elle tire son nom d'une hôtellerie fameuse qui y était autrefois établie, et qui portait pour enseigne : *A la Pomme d'Or.* Cette hôtellerie était particulièrement fréquentée par les marins étrangers, dont les navires stationnaient devant le faubourg des Chartrons, et auxquels les anciens règlements ne permettaient pas de mouiller au delà de la ligne du Château-Trompette, dans la rade de la ville proprement dite.

Rue David-Johnston. — C'est des « allées des Noyers » qu'on a fait la rue David-Johnston.

L'allée des Noyers n'était, dans l'origine, qu'un grand chemin ouvert par l'intendant Tourny pour procurer au Jardin-Public, qu'il formait, une issue nécessaire du côté du couchant, laquelle communiquerait avec la route du Médoc, qu'il restaura dans la suite. Lors de la formation de cette nouvelle voie de communication, elle fut bordée de deux rangs de noyers, parce que l'administrateur qui la fit ouvrir, voyant qu'elle était placée dans un quartier isolé de la ville et peu fréquenté, jugea convenable de l'assimiler à un grand chemin et d'y planter des arbres, comme il le pratiquait sur toutes les grandes routes qu'il avait fait faire. Pour garnir les accotements, ils furent bordés de noyers procurant beaucoup d'ombrage aux voyageurs.

Tout proche de l'allée des Noyers était la fontaine de Figueyreau, une des abondantes sources qui alimentaient la ville, et dont nous reparlerons.

Rue Bergeret. — Bergeret (Jean-baptiste), né à Bordeaux en 1770, mort à Bordeaux le 18 mars 1833. Fils d'un imprimeur de cette ville; fit ses études à Paris; revint à Bordeaux pour y exercer la profession de son père; reparti pour Paris en 1811, il y fut employé aux procès-verbaux de la Chambre des députés, et de 1816 à 1830, sous-chef de la typographie à l'Imprimerie royale; rentré à Bordeaux en 1830. Il est l'auteur d'une traduction en vers gascons des Fables de La Fontaine; a laissé divers manuscrits, entre autres un *Traité de Typographie*. Sa fille a épousé en 1833 M. Charles Pauly, ingénieur à Bordeaux.

Bergeret (Pierre-Nolasque), cousin du précédent, né à Bordeaux le 31 janvier 1782, mort à Paris le 21 février 1863. Peintre et graveur : à Bordeaux, élève de Lacour; à Paris, de David et de Vincent. Exposa à Paris, en 1806, un tableau remarquable : *Honneurs funèbres rendus à Raphaël*, pour lequel il obtint une médaille d'honneur.

M. Bergeret, doué d'une imagination aussi active que son pinceau est habile et hardi, a exécuté, indépendamment d'un grand nombre de tableaux à l'huile, une vingtaine de pièces gravées assez importantes et un nombre considérable de lithographies, genre dont il fut un des premiers introducteurs en France. En quinze mois, de 1808 à 1810, il exécuta le dessin, de 845 pieds, du bas-relief en bronze qui grimpe en spirale de la base au sommet de la colonne de la place Vendôme, à Paris.

Il a été pendant six ans dessinateur de costumes du théâtre Feydeau ; il a fourni un grand nombre de dessins de médailles pour la monnaie de Paris, les figures des nouvelles cartes à jouer, etc.

Rue du Jardin-des-Plantes. — A la rue David-Johnston aboutit la rue du Jardin-des-Plantes. Le nom donné à cette rue vient d'un jardin botanique qui y fut établi en 1750, et dont les jurats avaient confié la direction à M. Betbeder père, savant médecin à Bordeaux. Cet utile établissement subsista pendant dix ans. Dans cette rue a habité feu M. Lhote, ingénieur-architecte de Bordeaux, qui a dirigé plusieurs belles constructions dans notre ville.

Rue Berquin. — Berquin (Arnaud), poète et littérateur, né à Bordeaux, rue Saint-James, en 1749 d'après Bernadau, en 1747 suivant d'autres ; mort à Paris le 21 décembre 1791. Élève des Jésuites de Bordeaux ; auteur de livres pour l'éducation et l'amusement de l'enfance qui ont rendu son nom populaire. Il a composé des idylles et des romances (1774 à 1788) qui jouirent d'une grande vogue, et une imitation en vers de la scène de *Pygmalion*, de J.-J. Rousseau, qui lui a rendu hommage pour hommage, en mettant en musique sa délicieuse romance : *Dors mon enfant, clos ta paupière*. Ses œuvres complètes, fréquemment réimprimées, ont été parées de toutes les séductions de la gravure par les gracieux artistes du xviiie siècle : Marillier, Moreau et Borel les ont illustrées.

Rue Laroche. — La rue Laroche s'appelait *chemin de Figueyreau*, au commencement de ce siècle, parce qu'elle aboutissait à la fontaine de ce dernier nom. On apprend par la *Chronique* qu'en 1624 les jurats firent conduire les eaux de cette fontaine à la rue du Chapeau-Rouge et sur la place Saint-Projet, et qu'en 1672 ils ordonnèrent des réparations aux canaux de la même fontaine et firent faire tout auprès un grand lavoir couvert, que remplissait le superflu des eaux qui s'écoulaient des tuyaux de Figueyreau. Il fut placé à l'entrée une longue inscription latine, dans laquelle nous nous souvenons qu'il était dit « que cette fontaine appelée *Fons Higuerolii*, avait été anciennement découverte dans un champ planté de figuiers (en gascon *higueys*), d'où elle avait pris son nom ». La toiture de ce lavoir étant tombée de vétusté en 1790, le terrain sur lequel il s'élevait a été vendu et on y a fait construire diverses maisons. L'ancien bâtiment de la fontaine de Figueyreau a été reconstruit vers 1840, et l'on y établit un appareil propre à remplir les tonnes dans lesquelles des marchands voituraient l'eau qui se vendait journellement à Bordeaux.

Rue de l'Arsenal. — A l'extrémité occidentale de la rue Laroche traverse celle dite de l'Arsenal, qui aboutit à la barrière de Tivoli. Ce dernier nom est celui d'une agréable maison de campagne qu'avaient fait construire en 1770 les frères Labottière, anciens imprimeurs-libraires de Bordeaux. Cette maison est la première de ce genre qu'on ait formée dans les environs de cette ville. Elle était occupée en 1801 par un traiteur renommé. Le 27 octobre de cette même année, le physicien Garnerin y fit la première expérience d'un ballon aérostatique auquel était adapté un parachute de son invention. Ce parachute se détacha du ballon à une certaine hauteur et, après s'être déployé dans sa descente, il déposa à terre et sans accident un animal vivant qu'il portait.

La nièce de ce physicien, Mlle Élisa Garnerin, répéta cette expérience d'une manière bien plus surprenante, dans le Jardin-Public, le 8 février 1818. Elle était dans une nacelle suspendue au parachute d'un ballon. Étant parvenue à la hauteur d'environ 500 mètres, elle coupa la corde qui liait le ballon à son parachute, et cette dernière machine descendit la courageuse aéronaute sans accident, au milieu d'un champ du quartier de Terre-Nègre. Le 28 juin suivant, Mlle Garnerin ayant répété cette expérience dans le même lieu, son parachute la porta sur la rivière, devant Bouliac, où elle fut garantie de la submersion par un flotteur, corset de liège dont elle avait eu la précaution de se vêtir. Cette expérience aérostatique est la plus étonnante de celles qui ont été faites à Bordeaux à diverses époques, et n'a pas été tentée depuis.

Cours Saint-Louis et Balguerie-Stuttenberg. — I. Le chemin du Roi était une continuation du cours Saint-André. Il fut entrepris par Tourny pour faciliter le dessèchement des grands marais des Chartrons. L'Estey-Crebat (crevé), autrement dit de Rabey, était le principal canal de dérivation des eaux de ces marais, dont l'état fut long à s'améliorer.

Le cours Saint-Louis, qui a été entrepris après 1835, a pris son nom de celui d'une église que Tourny avait fait commencer à l'endroit où ce cours se joignait au chemin du Roi. Les fondements de cette église s'élevaient de la hauteur de 1 mètre au-dessus du sol lorsque le Château-

Trompette fut vendu. Le roi avait affecté une somme de 300,000 francs à prélever sur le produit de cette vente pour continuer l'église Saint-Louis. Il n'en subsiste plus aucun vestige.

II. Balguerie (Pierre), né dans l'Agenais, près d'Aiguillon, en 1778. D'une famille originaire du Midi, ruinée par la révolution de Saint-Domingue, ne put recevoir qu'une instruction superficielle; débuta par l'emploi de garçon de magasin dans la maison de voilerie Biré et Verdonnet; son aptitude remarquable aux affaires, son intelligence, sa loyauté, lui gagnèrent l'estime et la confiance de ses patrons, auxquels il fut associé en 1805. En 1807, il épousa Mlle Stuttenberg, fille d'un négociant de Hambourg établi aux Chartrons; après la mort de son beau-père, il hérita des relations de ce dernier à l'étranger, joignit les affaires de vins à son industrie. Il s'associa avec le baron Sarget. La maison Balguerie, Sarget et Ce acheta la propriété de Larose, en Médoc, connue aujourd'hui sous le nom de Gruaud-Larose.

Esprit fin, caractère des plus sympathiques, il fut lié de très bonne heure avec tout ce que Bordeaux renfermait de plus distingué : le duc de Richelieu, le duc Decazes, le vicomte Lainé, le comte de Tournon, etc. Dès 1816, les navires de sa maison parcouraient les mers les plus lointaines; les premiers ils firent flotter le pavillon français dans les mers des Indes et de Chine, sur les côtes du Chili et du Pérou; en 1821, il prêta quarante vaisseaux au roi Ferdinand VII, qui voulait conserver à l'Espagne ses provinces de l'Amérique révoltées, et c'est encore à la maison Balguerie que dom Pedro demanda les navires et les équipements nécessaires pour remonter sur le trône de Portugal.

Le commerce des cotons s'étant transporté au Havre, à cause des manufactures de Rouen, du Nord et de l'Alsace,

Balguerie y fonda une succursale qu'il dirigeait par correspondance. Puis, préoccupé de donner à sa ville natale toute la prospérité possible, il s'appliqua à y développer l'esprit d'association ; ainsi, comprenant l'intérêt de réunir devant Bordeaux les deux rives de la Garonne, il fonda une Société par actions, et s'engagea seul, à Paris, auprès de M. Lainé, ministre de l'intérieur, à fournir 2 millions 300,000 francs pour l'achèvement du pont à peine commencé sous l'Empire. Une telle assurance dans le succès amena de nombreux souscripteurs à cette entreprise et de superbes bénéfices aux actionnaires. Il fut le promoteur d'une banque d'escompte mettant le commerce à l'abri du tribut qu'il payait chaque année aux escompteurs particuliers, créa ainsi la Banque de Bordeaux, dont il fut le premier régent, et qui, en 1848, devint succursale de la Banque de France.

Élu membre de la Chambre de commerce le 15 mars 1822 et son président de mai 1824 à avril 1825, il provoqua l'établissement des signaux télégraphiques entre Bordeaux et Royan, celui des quais, de rampes et de cales de débarquement le long de notre rivière ; fit sentir l'urgence des travaux à faire pour assurer notre navigation, et réclama avec force, dans ce but, les droits de demi-tonnage, qui ne devaient subvenir qu'à l'entretien et aux réparations du port.

III. La persévérance des efforts de Pierre Balguerie décida la fondation de l'Entrepôt réel des douanes, place Lainé.

Toujours préoccupé des intérêts de la classe ouvrière, qui longtemps méconnut ses bonnes intentions, il contribua puissamment à la fondation de la Caisse d'épargne, à celle des premières Compagnies d'assurances, à la création de deux établissements de bains et des premiers bateaux à vapeur pour la navigation fluviale ; il fonda des usines, contribua à doter la région des ponts de Libourne, Bergerac, Aiguillon, Agen, Moissac, etc.

Il travaillait depuis longtemps au projet du Canal des landes, réunissant la Garonne et l'Adour; il s'appliquait à en démontrer la grande utilité au duc de Richelieu, et avait entrepris pour ce travail des études préalables payées de ses deniers, et pour une somme considérable, lorsqu'il mourut à Bagnères-de-Bigorre le 19 août 1825, épuisé par une activité de tous les instants. Il laissa après lui, outre les œuvres accomplies, le souvenir d'un habile négociant, grand patriote et philanthrope charitable; son corps fut transporté à Bordeaux, où ses obsèques eurent lieu au milieu de la population tout entière en deuil. Son éloge fut imprimé dans tous les journaux de la région et dans de nombreux journaux de la capitale.

Pierre Balguerie fut aussi membre du Conseil municipal de Bordeaux, membre du Conseil général du commerce, directeur de la Banque de Bordeaux et de la Caisse d'épargne, membre de l'Académie de Bordeaux (reçu en 1802) et de presque toutes les Sociétés locales de l'époque.

Son buste en marbre, sculpté par Bosio, se trouve à la Chambre de commerce de Bordeaux.

Rue Esprit-des-Lois — Lorsqu'on supprima la porte Richelieu, la rue qui y conduisait s'appelait rue Porte-Richelieu; on lui imposa le nom de rue de l'Esprit-des-Lois. C'est la première fois qu'on a donné à une rue le titre d'un livre. Dans cette rue est l'hôtel de la Banque. Cet utile établissement a été fondé en vertu d'une ordonnance royale du 23 novembre 1818; ses bureaux furent ouverts le 1er juillet de l'année suivante. La Caisse d'épargne a été longtemps dans l'hôtel de la Banque, dont elle était une dépendance.

Place Richelieu. — La porte Richelieu fut ainsi appelée du nom du dernier gouverneur de la province. On ouvrit cette porte lorsqu'on bâtit le massif des maisons qui sont à la suite du Grand-Théâtre. Elle offrait dans sa construction quelques circonstances assez singulières. On prit pour la décorer un des piliers de la porte du Chapeau-Rouge, sa voisine, que l'on transporta pierre par pierre à l'un des côtés de la porte Richelieu, ce qui donna à toutes deux une forme irrégulière, en ce que chacune d'elles n'eut qu'un seul pilier d'architecture pour appui. En 1810, lorsqu'on voulut faire la façade septentrionale de la rue qui devait aboutir à cette nouvelle porte, on s'aperçut que le pilier transporté se trouvait au milieu de cette rue. Il fut abattu, ainsi que la porte qu'il soutenait. Quelques années après, on en fit autant à la porte du Chapeau-Rouge. Il est résulté de cette double démolition que les magnifiques groupes de personnages allégoriques que le célèbre Wanderworth avait sculptés sur les deux piliers abattus se trouvèrent confondus, c'est-à-dire totalement perdus pour les arts.

La place Richelieu portait autrefois le nom de Marché-aux-Vins, parce qu'on y vendait le vin par barriques. Cette place offrirait un plus beau coup d'œil si le côté nord était bordé de maisons sur un plan uniforme qui correspondît à celui de l'autre côté.

Le 20 août 1763, la jurade autorisa la construction des bains publics du Chapeau-Rouge sur le bord septentrional de cette place. A la partie opposée s'élevait un établissement du même genre, appelé Bains orientaux. Tous les deux ont été démolis en 1826, lorsque les Bains des Quinconces furent construits.

Place du Chapelet. — I. La place du Chapelet est ainsi appelée parce que, sur la porte de l'église située sur cette place, on avait sculpté un grand bas-relief représentant la Vierge Marie qui accueille l'hommage d'un chapelet offert par saint Dominique. Ce chapelet ne subsiste plus depuis les métamorphoses qu'a subies cette église. Elle faisait partie du couvent des Dominicains qui avait été rebâti en 1707, pour en remplacer un plus ancien. Le frère Jean, qui avait donné le plan du nouveau couvent, était un jeune Bordelais qui fit preuve de valeur dans son travail. C'était le plus beau et le plus riche monastère de la ville.

Entre plusieurs religieux de ce couvent qui se sont distingués par leurs ouvrages, les érudits qui ont parlé de notre vieux Bordeaux ont cité les suivants dont les trois premiers sont originaires de Bordeaux :

Les pères Jean-Baptiste et Hyacinthe Barreyre, auteurs de plusieurs livres de piété. Ils ont publié ensemble la vie de leur mère, sous ce titre : *Éloge de la sœur Deyme, morte en odeur de sainteté, dans le couvent des Catherinettes de Bordeaux, en 1717.*

Le père Julien Lesage, dont on a un *Éloge funèbre de Louis XIV,* qu'il avait prononcé à la Martinique et qu'il fit imprimer à son retour en France en 1717.

Le père Jean-Baptiste Gonet, qui professa longtemps et avec distinction la théologie à l'Université de Bordeaux, et dont on a plusieurs ouvrages. Son crédit était si grand dans cette Université, qu'il parvint à y faire approuver les fameuses *Notes de Wendrock* (Nicolle) sur les *Provinciales,* malgré l'opposition des Jésuites.

II. En 1790, la Société populaire dite des Amis de la Constitution établit sa première tribune aux harangues dans l'église du Chapelet. On en fit ensuite l'église paroissiale de Saint-Dominique. Les sans-culottes de 1793 s'en emparèrent pour y célébrer leur fameuse Fête de la Raison, le 10 décembre de la même année ; puis elle fut surnommée le Temple de l'Être suprême. On avait construit dans le chœur de cette église une belle montagne de bois peint sur laquelle étaient placés les bustes des plus grands démocrates anciens et modernes, depuis Brutus jusqu'à Marat. Au sommet des décorations on lisait l'inscription suivante entre plusieurs non moins ridicules : « Montagne sainte, l'univers attend de toi sa liberté ! » A côté s'élevait une estrade, du haut de laquelle les conventionnels ou leurs délégués, qui venaient gouverner Bordeaux à tour de rôle, prononçaient dans les jours appelés *décadi* leurs allocutions civiques, que terminait un concert à grand orchestre. Lorsqu'on célébrait quelques solennités pendant le mauvais temps, elles avaient lieu dans le local. On a vu le programme d'une des fêtes d'alors, qui portait au bas les mots : « En cas de pluie, on dansera chez l'Être suprême. »

Après cette époque, le temple reprit son ancien nom d'église paroissiale de Saint-Dominique, qui a été changé en celui de Notre-Dame. Ainsi le Panthéon de Rome, consacré à tous les dieux par Agrippa, est devenu Notre-Dame de la Rotonde.

Rue Mautrec. — La rue Mautrec, qui aboutit à la place du Chapelet, est ainsi appelée par corruption de son nom primitif *Maü-Traject* (Mauvais-Passage), à cause du danger qu'il y avait à la parcourir lorsque les tueries des bouchers de la Porte-Médoque y étaient établies pendant les XIVe et XVe siècles, ainsi que l'attestent les anciens titres.

Place des Quinconces. — I. Le quartier appelé maintenant les Quinconces formait autrefois un petit faubourg qui était connu sous le nom de *Troupeyta* ou *Tropeyte,* d'où, par corruption, on a dit Trompette. Lorsque ce faubourg fut démoli pour former l'esplanade du Château-Trompette, il était considérable, à en juger par les édifices et les voies publiques qu'il renfermait à la fin du XVIIe siècle, et dont la tradition a conservé le souvenir. On y comptait une douzaine de rues, trois couvents, un hôpital, une citadelle, un grand établissement pour le jeu de mail, un édifice romain et une porte de ville, avec les murs de clôture de la seconde enceinte de Bordeaux.

II. Les premiers couvents qu'eurent les Dominicains et les Carmes déchaussés étaient établis au centre du quartier de Tropeyte, celui-ci depuis l'an 1026, et l'autre depuis 1230. La chronique rapporte que Clément V avait fait bâtir le dortoir des Dominicains pour y placer la chancellerie papale, et que ce fut en cet endroit que « Dominique de Athéra, jacobin, et Arnaud de Villeneuve, insigne médecin, disputèrent devant ce pape sur de grandes et sérieuses questions ». Ces graves disputes, dont notre chroniqueur n'a pas indiqué la nature, pouvaient bien n'être que de vaines disputes de mots, qui occupaient habituellement les savants du XIVe siècle, et qui abondent dans les écrits de ces deux docteurs.

Dans la partie la plus rapprochée du quai de Tropeyte était une rue appelée *Bernard-de-Mos*. Un titre de 1343 la fait connaître en ces termes : « *Rua quæ dicitur Bernardi de Mos, quæ est apud Tropeytam, retro chayum vocatum Dissenta.* » Ce chai (cellier) devait être considérable, car il donna son nom à la rue dans laquelle il se trouvait, ainsi qu'il résulte d'un titre de 1454, dans lequel on désigne une maison située « *in rua Dissenta, inter domum Arnaldi de Berneteyras, ex parte orientis, et ruettam Raymundi Forthonis, ex parte occidentis* ».

La rue de *Pey-de-Loën* était voisine de la précédente, suivant une ancienne exporle dans laquelle on lit : « *Pro domo quæ est in rua Dissenta inter domum Joannis Gombaudi, ex parte orientis, et ruam vocatam Petri de Loën, ex parte occidentis.* »

Dans un titre de 1476 on cite une rue du Chantre (*deu Chiantra*), comme conduisant au Château Troupeyte.

III. La rue *Notre-Dame* est mentionnée dans un acte de 1447 en ces termes : « Tot acquet hostau qui es en la paropia de Sent-Arremedy (Saint-Remi), en la rua apperada de Nostra-Dona. » Cette rue se dirigeait vers le couvent des Dominicains.

Suivant un titre de 1411, la rue *deu Prat* (de la Prairie) existait dans le même quartier. On présume que le sol en était originairement aquatique ; car on trouvait dans le voisinage une rue *Canta-Rana* (Chante-Grenouille), qui probablement fut ainsi appelée des grenouilles qu'on y entendait coasser. Le faubourg Sainte-Eulalie renfermait aussi une rue Cante-Rana, sur le terrain de laquelle on voyait, il n'y a pas encore un siècle, des fossés remplis de grenouilles.

Une rue *Bonaventure*, appelée aussi de *Marseille*, partait du Château-Trompette pour aboutir à celle du Chapeau-Rouge. Le nom de Marseille lui fut donné parce que son principal habitant s'appelait Pey de Marseille. On a découvert le pavé de cette rue en 1823, lors des fouilles faites pour bâtir la maison qui fait le coin des rues Esprit-des-Lois et de Condé. Dans cette dernière rue habitait de Galard, l'habile peintre de Bordeaux, mort en 1842. On a entre autres ouvrages de cet artiste une collection des *Costumes du peuple du pays bordelais*, qui est extrêmement piquante.

Il y avait aussi une rue du *Saint-Esprit*. Elle tirait son nom d'un hôpital ainsi appelé, suivant un titre de 1568, dans lequel une maison de la rue de la Corderie est désignée comme confrontant d'un côté à l'église de l'hôpital du Saint-Esprit. Cet hôpital fut changé en un prieuré, ensuite annexé à un couvent de religieuses. Dans un titre de 1648, il est question d'une « maison confrontant à la maison et jardin dépendants du prieuré du Saint-Esprit, possédés par les religieuses de Notre-Dame ». En effet, la Chronique dit qu'en 1608 la jurade octroya une place pour fonder un couvent de religieuses de Notre-Dame, dans la rue du Saint-Esprit, près la Corderie.

IV. L'atelier de la Corderie était situé dans la rue du Berguart, près de la porte Saint-Germain, suivant un titre de l'an 1343, qui parle d'une maison subsistant « en la carreyra apperada deu Berguart, à la Corderia que es à costat lo portau de Sent-German ».

Près de cette porte de ville s'élevait la tour d'*Audeyola*, en 1343. Dans un titre de 1421, son nom fut changé en celui de tour de Saint-Georges, parce qu'on y arborait le pavillon anglais. Suivant un arpentement fait en 1596, par ordre du maréchal de Matignon, gouverneur de la province, cette tour est appelée Tour de la Trinité. Ce titre la place à cent toises de la porte Saint-Germain et cent cinquante du Château-Trompette. Elle prit ensuite le nom de Tour de Riquet, à cause d'un écuyer ainsi appelé, qui, en 1639, obtint des jurats la permission d'établir un manège dans un terrain vacant près de cette tour. Le mur de clôture de la ville, du côté du nord, s'étendait alors depuis le Château-Trompette jusqu'à la porte Saint-Germain, nommée depuis porte de Tourny.

Au centre de ce mur était une porte de ville appelée porte *deu Casse* (du Chêne). Dans un registre de l'hôtel de ville qui porte la date de 1416, il est recommandé au jurat de ce quartier de veiller à la sûreté de cette porte : « Lo thesaurey jurat de Tropeyta, lit-on dans ce registre, gueytera au portau deu Casse et à la tor d'Audeyola. » Cette porte fut murée lorsque Charles VII eut fait construire le Château-Trompette, car dans un acte postérieur à cette construction, elle est nommée *Portau-Barrat* (la Porte-Fermée). En 1840, la clôture de Bordeaux, de ce côté de ville, était remplacée par une claire-voie qui divisait l'esplanade du Château-Trompette et s'étendait depuis la demi-lune de ce fort jusqu'à l'ancien café Moreau, c'est-à-dire depuis le centre de la place Louis-Philippe-Ier jusqu'à l'extrémité occidentale du cours Tournon.

Rue des Piliers-de-Tutelle. — Il ne subsiste aucun document sur l'époque de la construction des Piliers de Tutelle, ni sur leur destination. On peut raisonnablement conjecturer, d'après le nom que portait cet édifice, que c'était un temple consacré au dieu tutélaire de la Cité, et que les dépouilles mortelles des habitants étaient mises sous sa protection; car on les inhumait dans les environs de ce temple pendant que Bordeaux fut sous la domination romaine, ainsi qu'il résulte du grand nombre de pierres sépulcrales qui ont été trouvées dans diverses fouilles de ce terrain. Cette conjecture est corroborée par la découverte qu'on fit au xvie siècle, dans le Château-Trompette, d'un magnifique autel votif qui est conservé dans le musée de Bordeaux. Cet autel est d'un seul bloc de marbre gris des Pyrénées, et porte l'inscription suivante :

AVGVSTO. SACRUM.
ET. GENIO. CIVITATIS.
BIT. VIV.

Tous les auteurs qui ont parlé de cette inscription s'accordent à dire que l'autel sur lequel on la lisait était consacré à l'empereur Auguste et au génie tutélaire de Bordeaux, et que cette ville, quoique colonie romaine, jouissait alors du privilège de l'*éleuthérie*, c'est-à-dire qu'elle se gouvernait par ses propres lois, puisqu'elle vénérait un génie particulier. Cet autel est le plus ancien, le mieux conservé et le moins connu des monuments romains qui subsistent en France. En 1590, il fut extrait des décombres de l'ancien Château-Trompette par les soins des jurats, et transporté à l'hôtel de ville. Le socle sur lequel il fut placé, et qui s'est perdu, comme tant d'autres antiques réunis dans le même local, portait une inscription relatant les circonstances de sa découverte.

Cours du XXX-Juillet. — Les divers noms qu'a portés la principale voie publique qui traverse le quartier des Quinconces offrent un rapprochement dont nous croyons devoir faire remarquer la singularité. Il s'agit du cours du XXX-Juillet, ainsi appelé, parce qu'à pareil jour de l'année 1830, les Bordelais, rassemblés en cet endroit, manifestèrent hautement leur adhésion à la révolution qui venait de s'opérer dans le gouvernement. Ce cours se nommait auparavant cours du XII-Mars, à l'occasion de l'entrée du duc d'Angoulême à Bordeaux, en 1814, à la suite d'une colonne anglaise. Avant cette époque c'était la rue Bonaparte. Elle remplaçait la rue Vergennes, qui fut tracée lorsqu'on vendit les terrains du Château-Trompette et à laquelle on avait donné le nom du ministre dirigeant en 1785. Ainsi les quatre dénominations que cette voie publique a portées dans moins d'un demi-siècle indiquent autant de changements que la forme du gouvernement français a éprouvés dans le même intervalle.

En 1585, il s'est passé au Château-Trompette un fait peu connu et que nous croyons devoir rappeler. Le marquis de Belcier, fils du premier président au Parlement de Bordeaux, était prisonnier dans ce fort. Sa femme, Olympe de Ségur, résolut de lui procurer la liberté. Ayant obtenu la permission de visiter son mari dans les prisons, elle le détermina à s'évader en lui faisant prendre ses habits. Le stratagème réussit. Belcier s'esquiva le soir sous ce déguisement, sans être reconnu des gardes. La courageuse Olympe resta dans la prison comme un otage pour son mari, et obtint dans la suite d'être mise en liberté.

Rue du Château-Trompette. — Le Château-Trompette fut construit par Charles VII en 1454 pour loger la garnison de la ville. Il fut considérablement augmenté par Louis XIV, d'après le plan tracé par le célèbre Vauban, qui en fit une vaste et importante citadelle, composée de six bastions et d'une demi-lune, et entourée de fossés remplis par l'eau de la rivière. Les travaux durèrent depuis 1660 jusqu'en 1678. On démolit à cet effet toutes les maisons qui formaient l'ancien faubourg de Tropeyte, sur le terrain duquel s'est élevé dans ces derniers temps le quartier des Quinconces.

En 1785, le roi vendit le Château-Trompette et tout le terrain de son esplanade à une Compagnie qui devait l'exploiter à son profit, d'après un plan donné par le célèbre architecte Louis. Cette vente fut annulée deux ans après; on n'a jamais bien connu les conditions de cette vente, ni les motifs de sa résiliation. Quelques maisons se trouvèrent alors bâties sur le bord méridional de ce terrain, dont l'empereur fit don à la ville de Bordeaux en 1808, à la charge par elle d'exécuter certains travaux que les circonstances pénibles de l'époque ne lui permirent pas d'entreprendre.

En 1816, Louis XVIII renouvela le même don, mais à titre gratuit. La Ville fut autorisée à vendre à son profit les matériaux du Château-Trompette et tous les terrains qui en dépendaient, pour en employer le prix au paiement de ses dettes, sous la seule condition de former des promenades, un quai, une place publique et des rues sur ceux de ces terrains dont la destination est spécialement indiquée. Les travaux d'exploitation de ces terrains ont commencé en 1818 par la vaste promenade des Quinconces. Tous ses alentours se sont successivement couverts de maisons de la plus belle construction, qui, par leur réunion, forment le plus magnifique quartier de Bordeaux.

Rue de la Rousselle. — I. On ne considérait pas autrefois la rue de la Rousselle comme une simple rue, mais bien comme un quartier de Bordeaux. Dans les anciens titres il est désigné par l'expression indéterminée *ad Rocellam*; et maintenant encore on dit indifféremment à la Rousselle, ou dans la rue de la Rousselle. Lorsque Bordeaux était divisé en douze jurades, celle de la Rousselle était nommée la première. Les négociants qui résidaient dans ce quartier étaient les plus considérables de la ville. Il était le centre d'un commerce très important, qui avait pour objet la vente en gros de toute espèce de poissons salés pêchés sur les côtes de France, des huiles provenant du pressurage de ces poissons, du sel fait dans les marais salants situés sur le golfe de Gascogne, et des morues, harengs, sardines, savons, huiles, beurres et fromages importés à Bordeaux. On appelait en général ces denrées *la saline*, d'où est venu le nom de « fossés des Salinières », donné au grand cours auquel aboutissait la rue de la Rousselle. A l'entrée méridionale de cette rue était une porte de ville, bâtie lors du premier accroissement de l'enceinte de Bordeaux. On la démolit vers 1606, comme étant devenue superflue par la construction de l'ancienne porte des Salinières, qui appartenait au second accroissement de cette ville.

En 1237, le roi d'Angleterre permit à Arnaud de Monadey, habitant de Bordeaux, de faire pratiquer une issue dans le mur de ville sur le port, pour l'usage de sa maison, qui était adossée à ce mur, près la porte de la Rousselle. Cette faveur lui fut accordée parce qu'il s'était mis en otage pour l'exécution d'un traité passé entre les rois d'Aragon et de Sicile, par l'intermédiaire du roi d'Angleterre. Deux compatriotes de Monadey s'offrirent avec lui pour otages; ils s'appelaient Jean de Colomb et Raymond du Soley.

II. Ce dernier a donné son nom à la *rue du Soleil*, dans laquelle il demeurait, et qui aboutit à celle de la Rousselle. C'est à tort qu'on s'imagine que cette première rue est ainsi appelée par ironie, parce qu'elle est fort obscure, attendu son peu de largeur : les rues les plus anciennes sont toujours les plus étroites.

III. — Une autre petite rue voisine, dont la dénomination contraste également avec son état actuel, est appelée *rue du Muguet*. Ce nom vient des anciens jardins voisins, sur le terrain desquels fut ouverte la *rue du Puy-des-Cazaux* (montagne des jardins), qui aboutit à la précédente. Dans cette dernière rue habitait M. Péry, avocat, qui est mort victime de la Terreur en 1793, étant procureur-syndic du district de Bordeaux. Il a traduit en vers français l'*Aminte*, pastorale du Tasse, dont plusieurs fragments, lus dans des séances publiques du Musée, ont obtenu les suffrages des gens de goût.

Dans la rue du Muguet, autrefois *des Mousquits*, il a subsisté un temple des protestants, que remplace actuellement celui qui est dans la rue du Hâ; il fut primitivement établi dans la rue de la Rousselle. Une maison de cette dernière rue renferme un puits appelé *puits de Covy*, dont l'eau passait pour minérale, et à laquelle certains attribuaient des propriétés médicinales que d'autres lui contestaient.

IV. A la même rue aboutissait l'*impasse Montaigne*. Il est probable qu'elle tirait son nom d'un des ancêtres de l'auteur des *Essais;* car il est dit dans le *Scaligerana* que Montaigne descendait d'un pêcheur breton, « qui se fit vendeur de morues à la Rousselle. » Au reste, beaucoup de familles de notre ancienne magistrature devaient leur illustration à des charges ou à des terres titrées, acquises avec les écus gagnés dans les magasins de la Rousselle : *Toto il mundo e fatto come nostra famiglia.*

Automne, dans son *Commentaire sur la coutume de Bordeaux,* dit qu'un de ses parents, qui logeait dans la rue de la Rousselle, y avait entendu et senti des revenants. L'auteur cite à ce sujet un arrêt du Parlement, rendu en 1595, qui résilie un contrat de location d'une maison, parce qu'elle était infestée de revenants. Une telle jurisprudence était conforme aux préjugés de l'époque. En 1609, le conseiller de Lancre faisait partie d'une Commission que le Parlement de Bordeaux envoya dans le pays de Labourd pour faire le procès à ceux des habitants de cette contrée qu'on accusait de sorcellerie. Il a publié deux livres de démonologie, dans lesquels il enseigne, entre autres belles choses, les moyens de reconnaître les sorciers, d'après les renseignements qu'il dit tenir de ceux mêmes qu'il avait condamnés à la peine de mort. Ce qu'il y a d'étrange, c'est que de Lancre a dédié un de ces recueils d'absurdités à un chancelier de France. « Il n'est pas indifférent, dit Montesquieu, que le peuple soit éclairé; les préjugés des magistrats ont commencé par être les préjugés de la nation. »

V. Dans la *rue Rénière*, qui débouche dans celle de la Rousselle, est mort, en 1807, M. Dubreuil, le plus habile maître écrivain de son temps. Les amateurs de la bonne calligraphie ont longtemps recherché les modèles des divers genre d'écritures qu'il a laissés.

Rue de Cheverus. — Cheverus (Jean-Louis-Anne-Magdeleine Lefebvre de), né à Mayenne le 28 janvier 1768. Se fit remarquer dès sa jeunesse par sa piété, termina ses études à l'Oratoire et fut ordonné prêtre à Paris le 18 décembre 1790. Curé de Mayenne, puis vicaire général au Mans, il refusa de prêter serment à la Constitution et se réfugia en Angleterre où il exerça son ministère. Il partit ensuite pour l'Amérique où il résida jusqu'en 1823, époque à laquelle il fut appelé à l'évêché de Montauban où il eut l'occasion de donner de nouvelles preuves de sa charité et de son dévouement.

Lors de la grande inondation de 1826, il concourut personnellement à sauver les malheureux, leur ouvrit les portes de son palais et distribua de fortes sommes aux pauvres. Nommé archevêque de Bordeaux, il sut maintenir la paix dans son diocèse lorsque éclata la Révolution de 1830.

Quand le choléra sévit à Bordeaux, il transforma l'archevêché (aujourd'hui l'hôtel du journal *la Gironde*) en hospice; il fut nommé cardinal le 1ᵉʳ février 1836. Diverses œuvres de bienfaisance se développèrent grâce à son inépuisable charité. Ami des lettres, simple et modeste, préférant à tout la religion et sa patrie, il mourut à l'âge de soixante-huit ans à la suite d'une attaque d'apoplexie le 19 juillet 1836 et fut inhumé à la cathédrale dans un magnifique tombeau en marbre, surmonté d'une statue sculptée par Maggesi. A ce moment, la rue de Cheverus portait le nom de *rue Judaïque-en-ville*.

Rue Castelnau-d'Auros. — Castelnau d'Auros (baron Pierre de) appartenait à la même souche que les Castelnau d'Essenault. Par son mariage avec Anne de Bouquier il posséda la baronnie d'Auros en Bazadais jusqu'à la Révolution. Il joua un rôle souvent distingué dans l'armée.

A la fin du siècle dernier, le baron de Castelnau d'Auros possédait aussi l'hôtel actuellement n° 20, rue Judaïque, avec un grand jardin dont on a fait une salle de cirque, puis le Théâtre-Louit incendié en juin 1888, puis le Théâtre des Arts, et a laissé son nom à la rue dont cet hôtel fait le coin. Ses deux fils, derniers rejetons de cette branche, émigrèrent lors de la Révolution.

Le faubourg de Bacalan. — I. Dans une ordonnance rendue en 1759 par l'intendant Tourny fils, pour fixer le prix du péage à percevoir dans les divers ports des environs de Bordeaux, ce faubourg est appelé *Vigne-Garonne* ou *Bacalan*. On ne le connaît plus que sous la dernière dénomination. Le faubourg de Bacalan, qu'on regarde communément comme la continuation de celui des Chartrons, en est séparé par la rue Poyenne, d'où il s'étend sur le bord de la Garonne jusques au « passage de Lormont ». Depuis plusieurs années Bacalan a pris une grande extension, soit parce que toutes ses anciennes impasses ont été ouvertes et prolongées sur les cours Balguerie-Stuttenberg et Saint-Louis, soit parce que beaucoup d'industriels de Bordeaux ont transporté dans cette partie de notre ville leurs chantiers, ateliers ou usines.

Bernadau dit : « On pêche abondamment sur la rive de Bacalan un petit poisson du genre des écrevisses, appelé chevrette ou crevette, et en gascon *esquire,* de son nom latin *squilla.* Ce sont des femmes de ce faubourg qui font la pêche de ce crustacé et qui le vendent cuit par la ville. Cette petite industrie est fort productive dans la saison. Les chevrettes sont un bon manger dans leur fraîcheur. Celles de Bacalan ont cela de particulier qu'elles ne prennent pas, en cuisant, la couleur sanguinolente qui est désagréable à la vue, et qu'elles ne conservent pas l'odeur forte de marée, comme celles qu'on pêche dans la partie inférieure de la Garonne, sous le nom de *santé.* »

Feu M. Dubernet aîné, négociant, habitait sur le quai de Bacalan, lorsqu'il publia en 1791 un écrit intitulé : *Projet pour liquider l'arriéré des contributions et fournir à tous les besoins financiers que nécessitent les circonstances actuelles.* Ce projet devait s'exécuter au moyen d'une souscription. L'auteur croyait à l'excellence des vues qu'il proposait, car il se porta souscripteur pour une somme de 20,000 francs. Mais il ne trouva pas d'imitateurs ; et son utopie fut bientôt oubliée, ainsi qu'il est advenu à tant d'autres !

II. Le plus grand nombre des rues de ce faubourg portent le nom d'anciens negociants qui les ont formées sur des terrains inhabités.

Le 8 septembre 1788 on fit le premier essai du moulin de Bacalan, que MM. Teynac frères et Gauffé avaient fait construire à leurs frais. Suivant eux, il devait suffire à fabriquer les farines nécessaires à la consommation de Bordeaux. Les magasins et greniers auraient servi de dépôt pour l'approvisionnement de cette ville. Ce moulin comptait vingt-quatre meules ; la moitié tournait lorsque les eaux de la Garonne remontaient dans les canaux creusés au-devant et sur les derrières du bâtiment, et l'autre moitié quand elles en descendaient. Lors de l'inauguration de ce moulin, les jurats remirent à ses propriétaires des lettres de bourgeoisie, « pour leur donner, dit le registre municipal, un témoignage de la reconnaissance de la cité. »

Cependant, après trois ans de service le moulin de Bacalan devint hors d'état de fonctionner, parce que ses canaux avaient été insensiblement obstrués par la vase qu'y déposaient les eaux de la rivière, en mettant en mouvement la machine. Les propriétaires conçurent alors le projet de remédier à cet inconvénient, en obtenant la concession d'une prise d'eau à la jalle de Blanquefort, afin de s'en servir pour nettoyer au besoin les canaux engorgés. Mais les moyens ayant manqué pour exécuter ce projet, le moulin fut abandonné. Ses bâtiments ont depuis servi à d'autres usages.

Avant la construction de cet établissement il y avait tout auprès un des plus vastes celliers qu'on eût encore vus à Bordeaux. Il servait non seulement pour emmagasiner les vins et eaux-de-vie dont le propriétaire faisait un grand commerce, mais encore à la fabrication des tonneaux de toute dimension qu'il livrait aux nationaux et aux étrangers. Cet établissement est désigné dans divers plans de la ville sous la dénomination d'ateliers de M. Saige. C'était celle d'une ancienne maison de commerce de cette place.

Plusieurs membres de cette famille ont siégé dans la juridiction consulaire et dans la Chambre de commerce de Bordeaux, depuis 1602 jusqu'en 1744; le dernier rejeton de la famille Saige a péri victime de la *sanguinocratie*, le

25 octobre 1793, étant maire de la ville. Ces ateliers jouissaient d'une réputation populaire. Il en est fait mention dans des couplets que les bateliers du bas de la rivière chantaient lorsqu'ils la remontaient, tout en célébrant à leur manière les choses les plus remarquables qu'on apercevait aux approches du port. Voici le seul de ces couplets que nous ayons pu découvrir ; il est plus vrai que poétique :

> Déjà de M. Sage
> J'entends les tonneliers.
> Bacalan, ton rivage
> Se couvre d'ateliers.
> Mille vaisseaux au large,
> Sous divers pavillons,
> Viennent prendre leur charge
> De nos vins aux Chartrons. *(Bis.)*

Rue de Cursol. — Cursol (Guillaume de), seigneur de Bellefontaine et de Montestruc, né à Bordeaux. Trésorier général de France en la généralité de Guyenne, a traduit du portugais la première et la deuxième partie de l'*Image de la Vie chrétienne*, d'Hector Pinto ; Paris, G. Chandière, 1580-1584, 2 vol. in-8°. Cet ouvrage a été imprimé en italien à Paris, en 1585, et à Venise, en 1594. On connaît encore de Cursol un sonnet à Pierre de Brach, imprimé en tête des *Poèmes* de celui qui, dans le même volume, page 76, a adressé à son tour un sonnet à de Cursol. Son nom a été donné à l'ancienne rue de Ségur.

Rue Castillon. — Castillon (N.), imprimeur, né à Bordeaux. Auteur de l'*Art de l'imprimerie dans sa véritable intelligence,* avec figures imprimées par l'auteur, Bordeaux, 1783. Il a écrit un drame en trois actes et en prose resté inédit, intitulé : *Retour à la nature.*

Castillon (Bernard), fils aîné du précédent. Rédacteur à l'*Écho de Bordeaux.* On a de lui : *La Diligence dévalisée,*

Bordeaux, janvier 1806, c'est un almanach; *Campagne de la Grande-Armée ou Opérations militaires de cette armée depuis le renouvellement de la guerre*, Bordeaux, 1806, ouvrage traduit en anglais; *Réflexions sur l'art de l'imprimerie*, Bordeaux, 1809.

Un second fils de N. Castillon rédigea à Bordeaux l'*Écho commercial*.

Rue Darnal. — Darnal ou Darnalt (Jean), né à ou près Villeneuve-sur-Lot vers 1570, avocat au Parlement de Bordeaux et chroniqueur; frère ou cousin du Jean Darnal, historien, né vers 1565. Auteur, d'après M. Andrieu, de : *Remontrance ou harangue solennelle faicte en la cour de la sénéchaussée d'Agenois*, etc., ouvrage dont on ne connaît que deux ou trois exemplaires, dont un chez M. Ern. Labadie.

Jean Darnal, avocat, fut jurat de Bordeaux en 1602; clerc-secrétaire de Bordeaux de 1603 à 1619, puis secrétaire de la Chambre du Parlement. Il est auteur de nombreux ouvrages. Il est surtout connu par la *Chronique bourdeloise composée ci-devant en latin, par Gabriel de Lurbe, avocat en la Cour, et avec deux siens discours, l'un de la conversion du Roy, et l'autre des antiquités naguère trouvées hors de la dite ville, depuis, continuée et augmentée par D...*, Bordeaux, Simon Millanges, 1619, in-4°. Cette Chronique a été continuée par Darnal de 1594 à 1620, par Ponthelier jusqu'en 1672, par Tillet jusqu'en 1703. Bernadau a essayé de continuer ces chroniques dans ses *Annales politiques de Bordeaux*, 1803, in-4°.

Rue Dudon (anciennement rue du Piffre). — Dudon (Pierre), fils de Blaise Dudon, avocat du barreau de Bordeaux et juge royal d'Ambarès; petit-fils de Bernard Dudon, receveur du convoi à Bordeaux. Pierre Dudon, né le

10 août 1674, fut reçu le 8 janvier 1698, avec dispenses d'âge, conseiller au Parlement de Bordeaux ; nommé avocat général à Bordeaux le 1er octobre 1709, il remplit ses fonctions avec une distinction telle, que Louis XV lui fit délivrer en septembre 1723 des lettres patentes lui accordant la haute, moyenne et basse justice des paroisses de Vals, Lousson, les Lorets et Pis, sises en la juridiction de Montflanquin. M. Dudon avait un tempérament quelque peu agressif ; on en trouvera la preuve dans la *Correspondance administrative* publiée par Depping (t. II, p. 376 et suiv.).

En 1704 il avait épousé Louise-Léonor Lecomte, nièce du premier président de ce nom.

Rues Maucoudinat, des Trois-Chandeliers, Saint-Siméon et *Arnaud-Miqueu* et le *couvent de la Merci.* — I. La rue Maucoudinat est appelée rue d'Alhan dans un titre de 1356, où elle est désignée en ces termes : « *Rua d'Alhan, quæ à puteo d'Alhan ducit ad ecclesiam Sancti-Simeonis.* » Ce puits a subsisté jusque vers 1840, à l'angle des rues des Bahutiers et Maucoudinat. La maison ayant été occupée par une auberge qui avait pour enseigne *A la Truye qui file*, la rue d'Alhan prit cette étrange dénomination.

Elle devint ensuite rue Maucoudinat, d'un mot gascon qui signifie *mal cuisiné*, sans doute parce que des hommes d'un goût difficile en cuisine furent mécontents des mets apprêtés dans les auberges qui étaient établies dans cette rue. Le puits d'Alhan changea aussi de nom. Il prit celui de *Puits de la Samaritaine*, à cause de l'enseigne de la Samaritaine de l'Évangile qu'avait arboré, dans le siècle dernier, un miroitier qui occupait la maison contre laquelle ce puits était adossé. Le 15 décembre 1840 est décédé dans cette rue M. Leupold, ancien professeur de mathématiques et de physique au collège de Bordeaux, auteur d'un ouvrage intitulé : *Principes élémentaires de physique.*

II. A la rue Maucoudinat aboutit la rue des Trois-Chandeliers qui tire son nom, comme la précédente, d'une auberge renommée qui y était établie. Ces maisons servaient autrefois de lieux de réunion aux Bordelais, comme actuellement les cafés ; et elles se distinguaient surtout par des enseignes bizarres. Dans la rue des Trois-Chandeliers habitait M. Biennourry, ancien maître de pension, qui publia en 1767 le *Théâtre à la mode*, comédie en trois actes.

III. La rue Saint-Siméon est appelée du nom d'une ancienne église paroissiale qui a subsisté dans cette rue jusqu'à la Révolution. Les prêtres de la congrégation de Saint-Lazare, qui furent appelés à Bordeaux en 1683 pour diriger le Grand Séminaire et faire des missions dans le diocèse, s'établirent d'abord dans la rue Saint-Siméon.

Dans l'église de ce nom subsista assez longtemps le gymnase français, école navale des mousses et novices. On doit la fondation de cet établissement à MM. Laporte frères, anciens officiers de marine, qui en dirigeaient l'instruction. L'immeuble a depuis changé de destination.

IV. La rue de la Merci tire son nom du couvent de Notre-Dame de la Merci, où étaient établis depuis l'année 1460 des religieux qui s'occupaient du rachat des chrétiens esclaves en Barbarie. Le père Fau, religieux de ce couvent, ayant été envoyé à Alger pour opérer un rachat de captifs, y composa une description de cette ville ; il en fit lecture, en 1750, dans une séance publique de l'Académie des sciences de Bordeaux, dont il était membre. Il y a aussi de lui, dans les manuscrits de cette Société, des *Observations sur les éclipses de soleil en Europe pendant le dix-septième siècle*. On voyait dans l'église du couvent de la Merci le mausolée en marbre du maréchal d'Ornano, mort en 1610, étant commandant de la province de Guyenne et maire de Bordeaux. La statue qui était sur ce mausolée orne le musée lapidaire de la ville.

V. La rue Arnaud-Miqueu, qui divise celle de la Merci d'avec celle de Saint-Siméon, porte le nom de rue Allègre dans un titre du XIVe siècle. On y désigne ainsi cette rue : « *Ruâ Allegra quæ a quadrivio Sancti-Simeonis ducit versus meridiem et ruam deus Pignadours.* » Cette dernière est actuellement la rue du Loup. Quant à celle d'Arnaud-Miqueu, elle a pris ce nom de celui d'un jurat qui, dans une assemblée de ville tenue le 14 juin 1421, se chargea de conduire les troupes que les habitants joignirent à celles des Anglais, pour aller assiéger le château de Budos.

Dans cette rue habita Pierre Gobain, maître d'écriture, que les jurats nommèrent, en 1709, professeur de tenue des livres de commerce au Collège de Guyenne. Il a publié : 1º *Le Commerce en son jour, ou l'Art d'apprendre en peu de temps la tenue des livres de commerce*, Bordeaux, 1702, in-fº ; 2º *l'Arithmétique aisée, aussi curieuse qu'utile pour tous négociants, banquiers et autres*, 1711, in-8º ; 3º *Questions diverses de commerce avec leur solution*, 1717, in-8º. Ces ouvrages annoncent que l'auteur avait des connaissances alors peu communes sur la comptabilité, sur les changes étrangers et même sur la législation et l'histoire du commerce. Gobain recueillit, en 1720, les divers noëls français et gascons qui étaient répandus dans le Bordelais et en publia la collection en un volume in-18 de 90 pages. Usant du privilège des éditeurs, il joignit à ce recueil quelques pièces de sa composition dans le même genre, entre autres les noëls *Rébeillats-bous*, *Meynados*, et *Puisque du premier père*, que les paysans de la Gironde chantent encore avec délices, comme ceux de la Côte-d'Or répètent les noëls bourguignons édités par La Monnoye.

Place Saint-Projet. — La place Saint-Projet tire son nom de celui d'une ancienne église paroissiale qui y était située et qu'on a supprimée. Cette église était du nombre de celles qu'on appelait à Bordeaux les quatre chaires, qu'on offrait aux prédicateurs les plus renommés de France pour les stations du Carême. Celui d'entre eux que le chapitre de Saint-André reconnaissait pour le plus éloquent était désigné pour prêcher la Passion à la cathédrale, puis un sermon sur l'aumône à l'hôpital. Cette distinction était ambitionnée à l'égal d'un prix d'académie.

Suivant les Coutumes de Bordeaux, les tribunaux de cette ville ordonnaient que le serment décisoire serait fait dans l'église Saint-Projet, lorsqu'il s'agirait d'une demande en paiement d'une somme de quatre à vingt sous. « Tot segramen de demanda, dit l'article 164, qui sia fey per rason de contreyt qui fo estat entre aucun home aras mort et autra home viu, o entre morts, de causa que se puscan demandar, et aya loc et temps, si segramen sia far de negativa que sia de vingtz souds en jus à Sent-Progeist, entro que à quatre souds. » Il y avait apparemment dans cette église quelque relique en grand renom : on ne la connaît plus.

La place Saint-Projet était la plus ancienne, la plus grande et la plus centrale des trois places publiques qui subsistaient dans l'enceinte du premier Bordeaux. Cette circonstance nous porte à croire que là fut originairement établi le Grand-Marché de cette ville, avant qu'elle eût étendu les limites de son enceinte primitive. Le nom de la rue Marchande, qui y aboutissait, semble fortifier cette conjecture.

On apprend par la *Chronique* qu'il fut construit en 1594 une halle sur la place Saint-Projet, pour la vente du gibier et de la volaille.

La fontaine de la place Saint-Projet a été construite en 1737. La jurade paya au sculpteur Wanderworth une somme de 4,000 fr. pour couvrir de stalactites le portique au bas duquel sont les jets de cette fontaine. Les connaisseurs trouveront peut-être que ce travail est un peu cher.

Sur la place Saint-Projet fut la demeure d'Élie Bétoulaud de Saint-Pauly, Bordelais recommandable par son amour pour les belles-lettres, qu'il cultiva et encouragea tout à la fois. On a de lui plusieurs pièces de vers qui ont été imprimées, soit séparément, soit dans les recueils du temps. Par testament du 21 janvier 1706, il avait fondé un prix perpétuel de la valeur de 300 francs, qui devait être distribué tous les ans, par le Parlement de Bordeaux, à l'auteur de la meilleure pièce de vers en l'honneur de Louis XIV. L'Académie française était constituée juge du concours, et l'on ne devait y admettre que des personnes originaires de cette ville ou de sa sénéchaussée. Ce prix n'a jamais été distribué, parce que les héritiers du fondateur ayant accepté sa succession à bénéfice d'inventaire, n'ont acquitté aucun legs du testateur. Quoi qu'il en soit, les louables intentions de Bétoulaud ne méritent pas moins d'être recommandées au souvenir de ses concitoyens.

Dans un ouvrage imprimé à Bordeaux en 1721, intitulé *Amusements de Mme de S... de J...*, on trouve une pièce de vers destinée à concourir pour le prix fondé par Bétoulaud. L'auteur de ces vers est Mme de Senault, baronne d'Issan en Médoc. C'était la seule dame de Bordeaux qui se fût encore présentée à un concours académique.

Rue des Trois-Conils. — Une ancienne hôtellerie a donné son nom à la rue des Trois-Conils. Dans un contrat de 1514, une maison située rue Tustal, qui est parallèle à celle des Trois-Conils, sa voisine, est désignée comme touchant par les derrières « à l'hostau ou tor de Johan Bernard, hoste deus Tres-Conilhs ». Les hôtelleries se faisaient autrefois remarquer par leurs enseignes bizarres. Celle-ci portait trois lapins. Cet animal est appelé *conil* en vieux français et *counic* en anglais. Ce mot vient de ce que les lapins se cachent dans des trous qu'ils font en terre, et qu'on nomme en latin *cuniculi*. De là est venu le verbe *conniller*, pour dire : chercher des échappatoires. Montaigne l'emploie dans ce sens dans la phrase suivante : « Comment la philosophie, qui me doit roidir le courage pour fouler aux pieds les adversités, vient de cette mollesse de me faire conniller par détours couards et ridicules ? » Suivant un titre de 1356, cette rue a porté le nom de grande rue Saint-André, à cause de la porte de ville ainsi appelée, qui était anciennement à son extrémité occidentale.

La rue du Piffre (voir rue Dudon), qui est à l'extrémité orientale de la rue des Trois-Conils, est nommée rue Beulaygue dans un titre de 1515, parce qu'un maçon fameux, appelé Pierre Bruer, surnommé par ironie *Beu Laygue* (buveur d'eau), avait des propriétés dans cette rue. Là habitait M. Sticotti, homme de lettres de Bordeaux, auteur de plusieurs pièces de circonstance, jouées sur le théâtre de cette ville. Il rédigea les *Petites Affiches de Bordeaux* et *l'Almanach historique de Guienne*, qui furent en vogue dans le siècle dernier.

Dans la rue des Trois-Conils est mort en 1835 le docteur Monbalon. Étant membre de l'administration départementale de la Gironde, il publia en 1790 un *Rapport sur divers projets d'inhumations publiques*, travail qui détermina la fixation du cimetière général de Bordeaux dans l'enclos de la Chartreuse. Chargé de classer les livres recueillis dans divers dépôts pour former la bibliothèque publique de Bordeaux, il les mit dans l'ordre où ils sont actuellement. Il en a dressé le catalogue, dont les deux premiers volumes ont été imprimés pendant qu'il fut conservateur de cette bibliothèque.

Impasse Conilh. — Conilh (Pierre), né à Bordeaux le 16 novembre 1787, mort à Bordeaux le 11 janvier 1857. Élève de l'École de médecine de Bordeaux où il fut de 1801 à 1803 prosecteur et répétiteur d'anatomie et de physiologie ; il n'avait que dix-sept ans, lorsqu'il fut nommé suppléant de la chaire d'anatomie qu'il occupa jusqu'en 1807 ; le 7 novembre 1808, reçu à l'École pratique de la Faculté de Paris ; il fut un mois plus tard nommé prosecteur d'anatomie et le 9 mars 1810 docteur en médecine. Revenu à Bordeaux, il y devint en avril 1811 professeur de matière médicale et de thérapeutique à l'École de médecine ; fut de 1811 à 1843 médecin des pauvres du Bureau de bienfaisance ; inspecteur des eaux minérales de Bordeaux en 1829 ; médecin adjoint du fort du Hâ en 1831 ; membre du Conseil général de salubrité du département de la Gironde en 1831 ; se distingua par son zèle lors du choléra en 1833.

Rue Canihac. — Canihac (N.), chirurgien distingué, très habile dans l'art de communiquer sa science ; admis à la Société de médecine de Bordeaux en 1810, il en fut le président en 1823 ; fut professeur de clinique externe à l'École de médecine de Bordeaux de 1830 à 1834 ; chirurgien en chef de l'hôpital Saint-André de 1835 à 1838 ; avait épousé une demoiselle Holagray. Son portrait orne la Faculté de médecine de Bordeaux.

Rue Duranteau. — Duranteau (N.), né à Étauliers, près Blaye, en mars 1718. Prêta le serment d'avocat en 1736 et et exerça cette profession avec distinction jusqu'à sa mort (23 juillet 1790), époque à laquelle il était officier municipal après avoir été deux fois jurat de Bordeaux. Il avait épousé, en 1742, Mlle de Kater, morte en 1804, et dont il eut dix-sept enfants.

Cours du Jardin-Public. — Lorsque Tourny forma le Jardin-Public dans un quartier alors isolé de la ville, il avait principalement en vue les avantages que ce quartier allait retirer d'un pareil établissement. Le local sur lequel il le plaça se composait de plusieurs pièces de terre, qui étaient en différentes espèces de culture, et sur lesquelles plusieurs échoppes se trouvaient éparses. Il fit faire l'acquisition de ces fonds par l'administration municipale, qui, par un arrêt du Conseil du 15 janvier 1747, fut autorisée à employer une somme de 80,000 francs pour les dépenses nécessaires à la formation de cette nouvelle promenade. En l'exécutant, l'intendant ne la considérait pas uniquement comme un simple lieu d'agrément qu'il procurait aux habitants de Bordeaux, il entrevoyait encore les avantages réels et durables qui en résulteraient pour un quartier presque inhabité, dont la population ne pouvait manquer de s'accroître. Afin d'atteindre ce but, il ouvrit plusieurs voies, qui toutes, aboutissant au Jardin-Public, devaient non seulement rendre ses abords faciles, mais encore faire décupler la valeur des terres qui borderaient les percées prescrites, lorsque des maisons y seraient construites.

Le premier ouvrage auquel la création de cette promenade donna lieu fut l'achèvement des grands boulevards qui devaient ceindre la ville par de belles allées, et qui furent continués jusques au fond du faubourg des Chartrons. La porte d'entrée du Jardin-Public du côté nord détermina la percée de la rue du même nom, laquelle était destinée à se prolonger à travers les marais de ce faubourg. A la porte du couchant on pratiqua l'allée des Noyers, qui procura une nouvelle communication avec le chemin du Médoc (rue Croix-de-Seguey). Les impasses Dumas et des Tanneries trouvèrent une issue par la place ouverte au-devant de la porte qui est sur la terrasse.

Trois vastes péristyles furent construits dans ce jardin pour abriter au besoin les promeneurs. Ils pouvaient dans l'un d'eux jouir de la vue des exercices d'un manège royal, que l'intendant fit construire en même temps pour instruire gratuitement un certain nombre de jeunes gens qui se destineraient à prendre du service dans les régiments de cavalerie. Cet établissement s'appelait alors Académie du roi, et les plaisants disaient que c'était celle où l'on faisait le plus vite son chemin.

Le 26 juillet 1784, MM. Darbelet, Chalifour et Desgranges firent leur seconde expérience aérostatique dans le Jardin-Public. Le ballon qu'ils montaient et qui avait 15 mètres de diamètre, les transporta, sans encombre, dans la commune de Peugnac, près de Bourg, à 30 kilomètres du point de départ. Uniquement satisfaits d'avoir procuré à leurs concitoyens la vue d'un spectacle alors nouveau, ils en abandonnèrent le produit à l'hôpital. Dans le mois de mai précédent, deux particuliers de cette ville avaient tenté en cet endroit une pareille expérience, qui eut la plus déplorable issue.

Ce fut dans le même lieu que les Bordelais, au nombre d'environ trente mille, se réunirent spontanément le 20 juillet 1789, et y délibérèrent de se former en garde nationale, ce qui fut exécuté dès le lendemain dans chaque paroisse de la ville.

Place Bardineau. — On a donné à cette place le nom d'un fameux traiteur, qui y avait, il y a plus d'un siècle, un bel et vaste établissement, dans lequel l'élite des habitants de cette ville se réunissait souvent pour des galas et des bals de société, qui étaient aussi brillants qu'agréables. En 1777, le cardinal de Bernis, en sa qualité de grand maître du noble jeu de l'arc, autorisa M. Gilbert-Alexis Astier, franc-archer de la Compagnie de l'Arbalète, fondée à Clermont, de former à Bordeaux une *Compagnie de l'Arbalète,* qui jouirait des prérogatives attachées aux établissements de ce genre alors existants en France, d'après les statuts qui les avaient constitués en 1733. Dans plusieurs villes on a vu, jusqu'à la Révolution, des compagnies d'arbalétriers qui figuraient dans certaines fêtes publiques et s'y livraient à des exercices du jeu de l'arc pour y disputer des prix. Celle de Bordeaux se réunissait à huis-clos dans le jardin de Bardineau, et n'a subsisté que pendant un an.

Feu M. de Lisleferme, savant avocat de Bordeaux, habitait sur la place Bardineau. Il a publié, de 1800 à 1802, l'*Abrégé méthodique du droit romain conféré avec le droit français*. On a aussi de lui un volume de fables. L'auteur l'a imprimé lui-même en 1786, dans sa maison de campagne du Bosc, près d'Agen, et en a tiré cinquante exemplaires pour distribuer à ses amis.

Rue Duplessis. — La rue Duplessis, qui aboutit à la place Bardineau, a pris son nom de Mme Duplessis, qui y avait sa demeure en 1750. Cette dame est citée dans les *Lettres familières* de Montesquieu comme cultivant les lettres et possédant une belle collection d'objets et d'histoire naturelle.

Rue Fondaudège. — La rue Fondaudège a pris son nom d'une fontaine qui était située dans cette rue. On l'appelle *Odeia* dans nos vieux titres. Certains croient reconnaître dans cette fontaine celle qu'Ausone a célébrée sous le nom de *fons Divona*. Darnal, sous l'an 1559 de la *Chronique*, a continué à propager cette erreur en disant : « Les jurats firent faire une muraille à la fontaine d'Audège, pour la séparer du grand chemin et empêcher que les terres ne tombassent dans le vase de ladite fontaine, belle et abondante, et de laquelle parle dans ses œuvres le poète Ausone, bourdelois et citoyen romain. »

Le chroniqueur Ponthelier ne paraît pas adopter cette opinion lorsqu'il dit, sous l'an 1676 : « Les jurats, pour la conservation de la fontaine d'Audège, qui dépend de la ville, firent construire un grand mur aux dépens de la Ville. L'eau de cette fontaine est très ancienne et fort excellente. » Il est certain que la font d'Audège ne peut point être la *Divona* d'Ausone, puisque cet auteur dit qu'elle était située dans le centre de la ville, tandis qu'*Odeia* est à l'extrémité d'un faubourg.

Au couchant de la rue Fondaudège commençait le chemin du Médoc (rue Croix-de-Seguey). On en doit le redressement à l'intendant Tourny, qui le prolongea jusqu'à Soulac, en vertu d'un arrêt du Conseil d'État du 13 octobre 1750. A l'entrée de ce chemin habitait feu M. Saige, dont il a été parlé, un des hommes de Bordeaux qui s'est le plus occupé des matières politiques et de droit public. On en trouve la preuve dans les ouvrages qu'il a publiés, et qui sont aussi fortement pensés que purement écrits.

MM. Laclotte frères et fils, architectes renommés à Bordeaux dans le dernier siècle, habitaient sur la place Fondaudège. Un quart des maisons construites de leur temps à Bordeaux, et même plusieurs beaux hôtels l'ont été par leurs soins et sur leurs plans. L'un d'eux fut chargé d'achever, en 1774, l'ancien palais archiépiscopal, actuellement l'Hôtel de Ville, le célèbre ingénieur Étienne, qui avait donné le plan de cet édifice, étant mort avant son achèvement.

Le quartier Saint-Seurin. — I. C'est le plus ancien des faubourgs de Bordeaux, à en juger par le genre de construction de quelques vieilles maisons qui y subsistent, et surtout par les monuments antiques qu'on y remarque. Les murailles de ces maisons sont bâties en petites pierres carrées et en briques régulièrement superposées comme au Palais-Gallien. Indépendamment de ce dernier de nos monuments romains, il en a existé un autre non moins ancien, dont on a découvert de précieux restes dans des fouilles faites entre les rues Judaïque, Saint-Martin, Nauté et Pont-Long (d'Arès). C'est dans ce périmètre qu'on exhuma, en 1594, une grande quantité d'antiques de diverses formes, comme statues, cippes, vases, anneaux, inscriptions et médailles, qui appartenaient évidemment aux règnes de Claude et de Néron. Delurbe, qui a décrit ces antiques, assure qu'ils étaient conservés religieusement à l'Hôtel de Ville. « Aucuns pensent, dit cet auteur, que ce fut un palays, les autres un temple, d'autres des bains ou estuves... Il n'est pas toutes fois hors de propos de penser que ce soient les ruines des bains bastis par les Romains, commandants en la Guyenne, tant pour la commodité du ruisseau de la Devise qui coule auprès de la dite terre, que pour avoir esté le bastiment divisé comme en cellules, avec des longiers de murailles en forme de portiques. »

La découverte d'un beau pavé de mosaïque, faite au commencement de ce siècle dans la rue du Manège, a rappelé l'existence des thermes dont parle Delurbe. Non loin de ces ruines s'élèvent les restes du Palais-Gallien. Il est naturel de penser qu'autour de ces deux édifices publics s'étaient groupées des maisons particulières; ce qui autorise à croire qu'elles ont donné naissance au faubourg, dans le temps où Bordeaux était sous la domination romaine.

II. L'ancienneté de ce faubourg est également démontrée par celle de l'église Saint-Seurin. L'église actuelle, qu'on estime avoir été construite dans le xie siècle, en remplace une plus ancienne, qui était dédiée à saint Étienne, et dont les restes se voyaient encore, à la fin du siècle dernier, sur le côté septentrional de l'église actuelle. La première bâtie dans ce faubourg n'était qu'une chapelle, dans laquelle saint Amand fit inhumer le corps de saint Seurin, qui lui avait demandé d'être enseveli dans un lieu éloigné de la ville. Ces deux saints furent les troisième et quatrième évêques de Bordeaux.

L'église Saint-Seurin a possédé, jusque dans ces derniers

temps, un chapitre collégial. Ce fut d'abord un monastère. En 814, Louis le Débonnaire donna la terre de Méchetz, en Saintonge, au couvent de Saint-Seurin de Bordeaux : *ad sustentationem fratrum in monasterio degentium,* porte le titre de cette donation. Il fut sécularisé en 1188. Ce chapitre se composait de quatre dignitaires, de seize chanoines, de quatre demi-chanoines et de quatre prébendiers. Il jouissait des droits seigneuriaux sur le territoire de la paroisse Saint-Seurin et sur les communes du Bouscat et de Caudéran.

Lors des troubles de la Fronde, l'armée royale qui assiégeait Bordeaux, sous le commandement du cardinal Mazarin, était cantonnée dans le faubourg Saint-Seurin. Les soldats qu'on rencontrait en maraude dans les campagnes voisines étaient journellement tués par les paysans de Caudéran. Le capitaine de cette commune, craignant que ces fusillades ne fissent manquer de poudre à sa troupe, fit afficher un ordre du jour portant défense aux habitants de tirer sur les fantassins, « attendu, ajoutait-il, suivant les *Mémoires de Lenet,* qu'un mazarin à pied ne vaut pas la charge. »

Le 5 septembre 1699, une partie de la voûte de l'église Saint-Seurin s'écroula. Lorsqu'on la reconstruisit, on négligea de rétablir l'ancienne porte d'entrée du couchant. On l'a bâtie dans le genre gothique en 1829.

Suivant les *Anciennes Coutumes de Bordeaux,* les tribunaux de cette ville admettaient quatre sortes de serments décisoires, dont ils ordonnaient la prestation en divers lieux, en raison de la nature de la demande. On connaissait les serments *Sobre lo plan* (à l'audience); *A Sent-Progeist* (dans l'église Saint-Projet); *Sobre lo libre de la cort* (sur le livre des Évangiles), et *Sobre lo fort Sent-Seurin* (à Saint-Seurin). Ce dernier serment était déféré dans les cas les plus importants. Les commentateurs de ces coutumes font à ce sujet la remarque suivante, qui, par sa nature historique, nous a paru devoir être rapportée en entier : « L'origine et la vraie signification de ce mot : fort Saint-Seurin, disent-ils dans la note 13 de leur avant-propos, sont assez difficiles à fixer. On présume que c'était quelque relique de saint Seurin ou de saint Martial, sur laquelle le serment qu'on faisait était des plus authentiques et des plus sacrés. Le nom de *fort* était équivalent à celui de verge ou bâton pastoral, comme nous l'apprenons d'un ancien titre que l'abbé Baurein nous a communiqué. C'est une transaction passée le 12 janvier 1325, entre Marguerite de Gironde, dame de Castillon en Médoc, et Guitard, seigneur d'Arsac. Les parties promettent de jurer *Super forte seu virgam sancti Severini, Burdigalæ*, et, plus bas, l'obligation du même serment est renouvelée en ces termes : *Facere juramentum, seu præstare et jurare super virgam et forte sancti Severini*. On voit que *forte* est synonyme de *virga*.

» Quelques-uns pourraient croire que ce *fort* ou *forte*, sur lequel on jurait, était des reliques d'un saint Fort, dont on célèbre, en effet, la fête le 16 mai. Mais, indépendamment des raisons qu'on vient de relever, il y a tout lieu de soupçonner que ce saint est un peu apocryphe. La légende ne dit rien de sa vie, et les actes n'en sont rapportés dans aucun martyrologe ni dans les Bollandistes. D'ailleurs, il existe dans les archives du chapitre de Saint-Seurin une transaction, passée le 10 mai 1270 entre ce chapitre et le sacriste, où au rang des principales fêtes de cette église, et dans lesquelles les offrandes étaient les plus considérables, il n'est fait aucune mention de saint Fort, mais seulement du produit *de juramentis super forte*. D'où l'on conjecture que, dans un siècle d'ignorance, on aura fait un saint d'une relique, qu'on exposait peut-être plus particulièrement à la vénération des fidèles le 16 mai, jour auquel on aura déterminé, depuis, la célébration de sa fête. »

III. Lorsqu'on éprouvait une sécheresse extraordinaire dans les environs de Bordeaux, on faisait la procession du *fort* pour obtenir de la pluie. Cette relique était portée solennellement de l'église Saint-Seurin à la fontaine de Figueyreau. Quatre chanoines étendaient sur le réservoir de la fontaine une nappe d'autel, et l'officiant y plaçait cette relique de manière qu'elle pût être légèrement mouillée. Elle restait ainsi suspendue sur l'eau pendant qu'on chantait certaines prières composées pour cette cérémonie.

La *Chronique* mentionne en ces termes une de ces cérémonies : « Le 16 septembre 1696, y ayant une sécheresse extraordinaire, l'on fit la procession de la verge de saint Martial dans le fauxbourg de Saint-Seurin, à laquelle MM. les Jurats assistèrent avec leurs robes et leurs chaperons de livrée. Cette verge, qui était portée avec solennité dans cette procession, fut mouillée dans la fontaine de Figueyreau avec les solemnités et cérémonies ordinaires, et par l'intercession de ce grand saint, qui est l'apôtre de la Guyenne, il y eut incontinent après des pluyes qui durèrent quelques jours, et qui rétablirent les vignes et les autres fruits qui avoient été extrêmement endommagez par les grandes chaleurs. »

On trouve, dans les registres de l'Hôtel de Ville, que pareille cérémonie fut répétée le 9 août 1705 et le 16 mai 1716. Il ne paraît pas qu'elle ait été renouvelée depuis. On apprend, par une *Notice sur l'église Saint-Seurin* publiée en 1840, que la verge de saint Martial a disparu depuis la Révolution. Ce même ouvrage rapporte l'extrait suivant d'une *Vie de saint Martial:* « Dans l'extrême sécheresse, le bâton de ce saint est plus puissant que la verge de Moïse. Il fait descendre les eaux célestes pour arroser les campagnes; et dans l'inondation des pluies, il ferme les cieux. Pour ce double miracle, il ne faut que porter la verge de saint Martial à Figueyreau. » Personne n'avait encore entendu parler à Bordeaux de ce dernier miracle, qui serait souvent aussi utile que l'autre.

Dans la *Description des principaux lieux de France*, Dulaure dit que la verge de saint Martial appartenait anciennement aux habitants de Limoges; que ceux de Bordeaux la leur ayant empruntée, refusèrent ensuite de la rendre; qu'alors les Limousins massacrèrent les otages que les Bordelais leur avaient envoyés pour garantir la remise de la relique prêtée, et que ces otages, donnés comme étant des jurats de Bordeaux, furent reconnus pour être des portefaix de cette ville. D'autres auteurs prétendent que la verge de saint Martial fut empruntée à Limoges pour chasser un dragon monstrueux qui faisait de grands ravages à Bordeaux, et que les habitants de cette ville gardèrent la relique lorsqu'ils découvrirent qu'elle avait la vertu de préserver facilement leurs vignes des malheurs d'une extrême sécheresse. Ces deux traditions ne sont pas plus probables l'une que l'autre. Ce qu'il y a de positif dans tout ceci, c'est qu'on appelait encore en 1850, à Bordeaux, par ironie, les portefaix *jurats de Limoges*, et que le reliquaire de la verge de saint Martial est perdu pour l'une et l'autre ville, à moins qu'un double miracle ne le fasse découvrir, puis bien et dûment authentiquer.

Du *Palais-Gallien* et de la rue ainsi appelée. — Qu'on ne s'attende pas à ce que nous expliquions ce qu'était le Palais-Gallien qui a donné son nom à cette rue, ni à quelle époque ce monument antique fut construit. Les documents manquent pour éclaircir ces questions, et nous ne voulons pas ajouter des conjectures nouvelles à celles qu'on a déjà débitées à ce sujet. Le genre de la construction de cet édifice, sa forme, le nom qu'il porte, font présumer que ce fut un amphithéâtre ou cirque romain destiné aux spectacles publics, et qu'il fut élevé pendant le règne de l'empereur Gallien, dont il a conservé le nom.

Le Palais-Gallien, appelé dans les anciens titres *las arenas* (les arènes), avait une forme ovale de 137 mètres de longueur sur 114 de largeur. L'élévation du mur extérieur et du suivant était de 21 mètres, et son épaisseur de 1 mètre et demi. Les quatre autres murs intérieurs diminuaient de hauteur et d'épaisseur en allant vers le centre, où était l'arène du cirque, qui avait 79 mètres dans son plus grand diamètre et 56 dans le plus petit. Les galeries destinées aux spectateurs étaient au nombre de quatre dont deux au rez-de-chaussée et deux à l'étage au-dessus. Elles régnaient tout autour de l'amphithéâtre, percé à chaque étage de soixante ouvertures en arcades qui avaient 6 mètres de hauteur sur 2 de largeur. A chaque extrémité du grand diamètre de l'ovale était une porte d'entrée ayant 9 mètres de hauteur sur 6 de largeur, ornée de quatre pilastres avec leurs chapiteaux qui supportaient l'architrave. Au-dessus de chacune de ces portes et dans l'étendue de l'étage supérieur s'ouvrait une arcade de 6 mètres de hauteur et de 4 mètres de largeur, également accompagnée de pilastres, entre lesquels étaient deux niches qui paraissaient destinées à recevoir des statues. Une corniche soutenue par des modillons et surmontée de divers ornements d'architecture régnait autour de cet édifice et le terminait. Tous les murs étaient bâtis en pierres carrées, qui avaient 10 centimètres d'épaisseur sur 34 de longueur. De dix en dix assises ces pierres étaient entrecoupées de briques couchées, en partie plates et en partie à rebords sur le parement, et dont chacune avait 4 centimètres d'épaisseur, 29 de largeur et 48 de longueur.

Environ un tiers du Palais-Gallien restait sur pied, quand le terrain sur lequel il s'élevait fut vendu en 1795 pour y bâtir des maisons. On était près d'achever de le démolir, lorsqu'à son arrivée à Bordeaux, le premier préfet de la Gironde fit suspendre cette démolition, dans l'intérêt des arts et pour l'honneur de la cité. L'arrêté publié à ce sujet est du 17 octobre 1800. La porte d'entrée du Palais-Gallien du côté du couchant et quelques pans de murs de ce monument subsistent encore, comme pour accuser le vandalisme qui a opéré sa destruction, dit Bernadau, auquel nous empruntons tous les renseignements qui vont suivre.

Le 13 mai 1626, un nommé Jarisse, cabaretier à Bordeaux, présenta requête aux jurats de cette ville à l'effet d'être autorisé à fouiller le terrain du Palais-Gallien, « pour en retirer, disait le demandeur, les différentes choses qui peuvent y être enfouies, et qui sont inutiles à la société humaine, comme argent monnayé et autres objets d'orfèvrerie, sous la soumission qu'il fait de ne porter préjudice ni aux murs, ni aux bâtiments construits dans ledit palais, et en cas de réussite de payer un certain *quantum*, soit à la Ville, soit aux pauvres. » On ignore quelle réponse il fut fait à ce chercheur de choses qu'il disait « inutiles à la société humaine », et dont il espérait cependant faire son profit.

Le 15 juillet 1774, la jouissance du Palais-Gallien, qui avait antérieurement été accordée à celui qui avait l'entreprise de l'enlèvement des boues et bourriers de la ville, fut concédée pour neuf ans à M. Duhautois, pour y remiser les fiacres, dont il avait le privilège, à la charge par lui de ne rien faire qui pût dégrader ce monument

Tous les hommes instruits qui ont vu le Palais-Gallien se sont accordés à reconnaître que c'était un monument romain aussi remarquable que ceux de ce genre dont il subsiste des restes dans plusieurs villes de France. Cependant on n'a pas craint de soutenir, dans une séance de l'Académie des sciences de Bordeaux, que ce vaste et magnifique édifice était digne des Wisigoths, et qu'il n'offrait que des murs d'attente, sur lesquels on devait plaquer des ornements d'architecture. Cette ridicule opinion est consignée dans les termes suivants, à la page 10 du *Prospectus des Annales de Bordeaux*, lu à l'Académie de cette ville le 28 décembre 1783, et par elle approuvé : « On ne reconnaît dans l'amphithéâtre de Gallien, tel que nous le voyons aujourd'hui, ni le ton de grandeur, ni le goût qui caractérisent les autres ouvrages des Romains en ce genre. Sans doute, il faut croire que ces masses informes, qui n'offrent qu'une surface nue et grossière, et une architecture digne des Wisigoths, étaient comme des murs d'attente qui devaient recevoir un revêtement plus magnifique. » Celui qui écrivit ces lignes est Dom Carrière, qui avait ouvert une souscription pour l'*Histoire générale de Guienne* en 1782, et pour les *Annales de Bordeaux* en 1784, et qui n'a publié aucun de ces ouvrages, quoiqu'il ait survécu vingt ans à ses prospectus. Ce n'est pas, au reste, le seul conte qu'on ait débité avant et après celui-ci, entre archéologues, sur ce malheureux Palais-Gallien.

Rue Saint-Fort. — Près le Palais-Gallien est la rue Saint-Fort, qui, avant 1786, s'appelait *rue Putoye*, à cause des filles publiques qui y étaient confinées, ainsi que dans la rue du Palais-Gallien, où elle débouchait. L'auteur de l'*Itinerarium Galliæ*, en nous apprenant cette particularité, dit qu'ayant demandé dans son auberge qu'on le conduisît au Palais-Gallien qu'il voulait visiter, on le lui indiqua avec des remarques plaisantes qu'il fait connaître en ces termes : « *Hodie lupanarum et prostibulorum istic est consistorium; sic etiam ut cum in hospitio quæreremus ubi Palatium Gallieni esset, risu exsonuerint omnes, et pulpamentum nos quærere putarint.* »

Rue Thiac. — La rue Thiac, qui aboutit à celle du Palais-Gallien, se nommait jadis rue des Religieuses, à cause d'un couvent de religieuses de l'ordre de Sainte-Catherine, appelées communément les Catherinettes. Ce couvent avait été bâti en 1664. L'institution nationale des Sourdes-Muettes occupe ce local, dont les bâtiments ont été augmentés dans ces derniers temps, de manière à faciliter les moyens d'enseignement — excellent — qu'y reçoivent les élèves.

Rue Huguerie. — La partie de la rue Huguerie qui débouche dans celle du Palais-Gallien s'appelait naguère rue de la Petite-Taupe. La seconde dénomination était insignifiante, et la première indique le propriétaire qui commença des constructions dans cette rue. Elle a été habitée par M. Beck, musicien distingué, qui a dirigé pendant un demi-siècle l'orchestre du Grand-Théâtre de notre ville, sur lequel il a fait exécuter un grand nombre de morceaux de musique de sa composition qui ont réuni tous les suffrages. Plusieurs de ces compositions ont été gravées. Ce grand artiste est mort le 31 décembre 1809, âgé de quatre-vingt-quatre ans. Des admirateurs de son talent ont fait faire son buste, qu'on voit dans le foyer du Grand-Théâtre.

Rue Judaïque. — I. Cette rue a pris son nom d'une petite église qui était à son extrémité occidentale et qu'on appelait chapelle Saint-Martin du Mont-Judaïc. C'était le chef-lieu d'un prieuré fondé en 1122 par le comte Guy d'Aquitaine, et qui appartenait depuis 1594 aux religieux Feuillants de Bordeaux. Le tènement où cette chapelle fut bâtie se nomme, dans les anciens titres, *mons Judaicus,* parce qu'il dominait les marais environnants, et que ce fut autrefois le quartier désigné pour servir à l'habitation des juifs établis à Bordeaux. On lit dans la *Chronique,* sous l'an 1273 : « Les juifs habitaient en ce temps hors la ville près le prioré Saint-Martin, de façon qu'après avoir esté chassés de France par edict de Philippe-le-Bel, le champ qui est joignant le dit prioré le long de la Devise a reteneu par les anciens titres le nom de Mont-Judaïc. » L'expulsion des juifs de toute la Guyenne fut ordonnée dans le même temps par le roi d'Angleterre, par une charte du 15 novembre 1316, ainsi cotée dans les *Rôles gascons : De judæis de ducatu Aquitaniæ ejiciendis.*

Les juifs avaient leur cimetière dans le quartier du Mont-Judaïc, et payaient une redevance de quatre kilogrammes de poivre à l'archevêque de Bordeaux, comme seigneur de ce fief. Un terrier de l'archevêché de l'an 1356 porte ces mots : « *Judæi Burdegalæ debent domino Burdigalensi archiepiscopo, infra octavum Natalis Domini, annuatim octo libras piperis census.* » On peut inférer de ce titre qu'alors le poivre était rare, et que les juifs de Bordeaux en faisaient plus particulièrement le trafic. Un titre du même temps désigne ce lieu comme renfermant le cimetière des juifs : « *Plantarium Sancti-Martini in monte Judaico, in quo plantario sepeliuntur judæi.* »

II. Tout près de *Plaisance*, l'établissement champêtre situé dans la rue Judaïque-Saint-Seurin et dont on a fait l'École de dressage, on a pu voir longtemps le mur où les généraux César et Constantin Faucher, les jumeaux de La Réole, furent fusillés le 27 septembre 1815. L'exécution eut lieu sur le *Pré-de-Pourpre*, lieu ordinaire des exécutions militaires, à deux pas du « Porge des protestants » et où a depuis été construite l'usine à gaz.

L'Asile des Petites-Sœurs des pauvres a été édifié, à l'angle des rues Judaïque et Chevalier, sur un emplacement occupé, au commencement du siècle, par une construction isolée qu'on appelait le « Château-du-Diable ». On croyait cette maison hantée par les méchants esprits, et voici comment était née la légende :

Lors du passage des troupes britanniques à Bordeaux, en 1815, le propriétaire du « Château-du-Diable » avait loué sa maison à une famille anglaise qui l'habita pendant plusieurs mois. Au moment du départ définitif des Anglais de Bordeaux, un mauvais plaisant résolut de punir le propriétaire de l'immeuble pour avoir donné asile à des ennemis de la

France, et se mit en campagne pour discréditer l'archaïque demeure et empêcher sa location. Il la dit visitée chaque nuit par le Diable.

Cette croyance, qui s'accrédita rapidement, subsista jusqu'à 1825 environ.

III. Il y avait autrefois dans la rue Judaïque une chapelle appelée Saint-Lazare, et en gascon *Sent-Ladre*. Elle était située à l'entrée orientale de cette rue et de celle du Palais-Gallien, suivant un titre du 3 septembre 1381, où l'on parle de deux emplacements « que son en la parropia Sent-Saurin de Bordeu, au loc aperat à Sent-Ladre, près de la recluse ». Un titre du 31 mars 1562 indique d'une manière plus précise la situation de cette église et de son voisinage du lieu de la recluse. Il y est fait mention « d'un lopin de terre situé en la paroisse de Saint-Sûrin, au lieu appelé de Saint-Ladre, près la recluse, confrontant au chemin public par lequel on va du portal de Porte-Dijaux au Palais-Galliane, et placé devant la croix de Saint-Sûrin, vers le soleil couchant ».

Cette croix, qui a subsisté jusqu'en 1780 sous le nom de *Croix de l'Épine,* avait probablement été érigée en mémoire de l'ancienne chapelle de Saint-Lazare, ou même à l'occasion du logis d'une recluse qui devait être adossé à la même chapelle. On trouve dans les registres de l'Hôtel de Ville une ordonnance du 24 janvier 1414 indiquant en ces termes une aumône pour cette recluse : « Et plus ordonen los deyts jurats que la reclusa de la Porte-Dijaux aura ung escut. » Assalhida de Bordeaux, femme de Pierre de Grailly, vicomte de Benauge, dans son testament du 2 avril 1328, déclare léguer « 40 souds bourdeloys » à la recluse de Saint-Lazare.

Il convient d'apprendre ce que c'était qu'une *recluse,* puisqu'on n'en voit plus depuis le XIVe siècle. On donnait ce nom à une femme dévote qui se vouait à finir ses jours seule dans une cellule dont la porte était murée en cérémonie par l'évêque. Dans cet ermitage d'un nouveau genre, elle vivait des aumônes que lui apportaient les fidèles par une fenêtre qui communiquait au dehors. Une autre fenêtre avait jour sur une chapelle contiguë à sa cellule, d'où elle participait aux offices de l'église. Saint-Foix, dans ses *Essais sur Paris*, dit que les anciennes recluses voulaient gagner le ciel sans sortir de leur chambre.

Les *allées de Damour*. — Ces allées sont inexactement appelées *allées Damour* depuis qu'on les a prolongées sur le terrain de l'ancien cimetière Saint-Seurin. Avant le commencement de ce siècle, elles s'étendaient seulement au-devant de la principale porte de ce cimetière qui était alors clos de murs. Elles consistaient en une douzaine d'arbres plantés sur deux lignes. Ces allées furent formées en 1692 par les soins d'un chanoine de Saint-Seurin nommé Damour, pour servir à abriter les petits marchands qui étalaient au-devant de ce cimetière le matin des jours de fêtes et de dimanche, à l'imitation de ce qui se pratique dans nos paroisses de campagne ; car l'église Saint-Seurin fut longtemps considérée comme telle, attendu qu'elle se trouvait naguère tout à fait isolée de la ville.

Dans la partie des allées Damour qui renfermait autrefois le cimetière, s'élevait une chapelle dite de Saint-Georges de la Treizaine. On recueillait dans son caveau, appelé *charnier*, les ossements des morts inhumés dans le cimetière de Saint-Seurin et dont les corps n'étaient pas encore entièrement consumés lorsqu'on ouvrait une nouvelle fosse. Cette chapelle est ainsi désignée dans un cartulaire de Saint-Seurin de 1270 : « *Carnarium Sancti-Georgii patens in cœmeterio Sancti-Severini.* » A en juger par le peu d'étendue de ce cimetière, il est difficile de croire qu'il ait été le seul de Bordeaux jusqu'au XIIe siècle, ainsi que le prétendent certains auteurs.

Rue du Manège. — Aux allées Damour aboutit la rue du Manège. Elle est ainsi appelée parce qu'en 1790 on y établit un manège à l'usage des cavaliers de la garde nationale bordelaise. Lorsque ce local changea de destination et qu'on en fit un cirque, le propriétaire découvrit, en 1800, un magnifique pavé de mosaïque enfoui sous terre et ayant 8 mètres d'étendue. On présume que c'était le carrelage d'anciens bains publics construits près du ruisseau de la Devèze, qui coule en cet endroit. En 1594, on avait trouvé, dans des fouilles faites au même lieu, plusieurs statues antiques et des pierres tumulaires qui ont été décrites par Delurbe à la suite de la *Chronique*, et qu'il fit transporter à l'Hôtel de Ville.

L'abbé Nau-Dumontet, homme de lettres de Bordeaux, habitait sur les allées Damour, vers le milieu du dernier siècle. Un de ses ouvrages, intitulé *Amusements de la piété dans la retraite*, contient, dans sa troisième partie, la description de tous les reliquaires, tombeaux et monuments curieux d'architecture et de sculpture qui existaient, en 1759, dans l'église Saint-Seurin. Ces recherches, qui sont assez négligemment rédigées, ont été plus tard reproduites dans un meilleur style et avec quelques additions également empruntées ailleurs, dans un livre qui a pour titre : *Notices sur l'église Saint-Seurin*.

De la *place du Pradeau* (ou du Prado) et des rues qui y aboutissent. — I. La place du Pradeau est ainsi appelée du mot latin *pratulum*, qui signifie petit pré, parce qu'en cet endroit était jadis un enclos de verdure qui servait de cimetière au monastère de Saint-Seurin avant qu'il ne fût transformé en chapitre collégial. Sur cette place est une entrée de l'église Saint-Seurin. En 1829, on a décoré cette entrée d'une façade dans le genre gothique, laquelle offre sur les côtés les statues de saint Amand et de saint

Seurin, évêques de Bordeaux, dont cette église possède les reliques.

II. La *rue de la Trésorerie*, qui avoisine la place du Pradeau, tire son nom de l'hôtel qu'avait dans cette rue le trésorier de l'ancien chapitre de Saint-Seurin ; il en est de même de la *rue de la Prévôté*, dans laquelle demeurait le prévôt du même chapitre. Le trésorier et le prévôt de Saint-Seurin étaient les plus riches de tous les dignitaires de cette église ; aussi ont-ils imposé leurs noms aux rues qu'ils habitaient.

III. Dans la *rue Cap de ville*, qui aboutit également à la place du Pradeau, fut formée, en 1785, l'école des Sourds-Muets. M. de Cicé, ancien archevêque de Bordeaux, a fondé cette école, la seconde qui ait été établie en France. Ce prélat, après avoir envoyé à ses frais l'abbé Sicard à Paris, pour apprendre la méthode d'enseignement du célèbre abbé de l'Épée, détermina plusieurs riches habitants de Bordeaux à former une souscription pour l'instruction d'un certain nombre de sourds-muets. La première séance publique de cette école eut lieu le 20 février 1786. Deux ans après, les jurats accordèrent une pension de 1,200 francs à l'abbé Sicard, qui fut déclaré instituteur en chef de cette école. Il fut remplacé en 1790 par M. Saint-Sernin.

Dans cette rue est installée depuis de longues années l'institution La Fontaine, une des premières de Bordeaux et des plus renommées.

Rue Terre-Nègre. — La rue Terre-Nègre, dans laquelle est situé le Dépôt de mendicité, tire son nom de la couleur foncée du sol de ce quartier. En y faisant des fouilles, particulièrement en 1805, on a découvert des débris d'ossements humains, des urnes, des figurines, des médailles romaines, des amulettes et de petits vases de diverses formes, qui font présumer que ce lieu servait à la sépulture des habitants de

notre ville, pendant qu'elle était sous la domination des
Romains. La petite quantité et le peu de valeur de ces divers
objets indiquent assez qu'ils avaient appartenu à la classe
des prolétaires de Bordeaux, et que cet endroit était destiné
à leur sépulture. Celle des riches habitants se pratiquait
dans le lieu appelé Campaure, ainsi que nous l'avons précédemment indiqué.

Rue Émile-Fourcand. — Fourcand (Émile), né à Bordeaux le 14 novembre 1819, mort à Tresses, près Pompignac
(Gironde), le 2 septembre 1881. Ses études juridiques et
une conception facile des affaires le firent arriver au Tribunal de commerce dont il fut ensuite le président (1868-72).
Membre et président de diverses Sociétés, mêlé à toutes les
œuvres utiles, il fut élu en 1860 membre du Conseil municipal, dont il fit partie pendant près de vingt ans. Quelques
jours avant la chute de l'Empire, il accepta les fonctions de
maire de Bordeaux. Pendant la période si troublée qui suivit
le 4 septembre 1870, M. Fourcand, par son caractère et par
l'autorité dont il jouissait sur les masses, parvint à maintenir l'ordre, la tranquillité, sans recourir à la force. Aux
élections complémentaires de 1871, il fut élu représentant à
l'Assemblée nationale. Révoqué le 4 février 1874 de ses
fonctions de maire, et avec lui toute l'Administration municipale, il fut élu sénateur inamovible le 14 décembre 1875,
et enfin revint à la tête de la Municipalité républicaine en
1876. De 1871 à 1881, il représenta le troisième canton au
Conseil général de la Gironde, dont il a été le président de
1871 à 1874.

M. Fourcand appartenait au culte réformé. Son nom a été
donné à la rue Planturable qu'il habitait.

Rue Dufau. — Dufau (Paul), XVIIIe siècle. Recteur de
l'Université de Bordeaux, plus tard professeur à l'École

centrale de la Gironde; auteur d'un mémoire imprimé à Bordeaux en 1762, sous le titre suivant : *Réflexions sur les moyens de pourvoir à l'éducation de la jeunesse, et de remplacer les professeurs et régens dans les collèges ci-devant tenus par les soi-disant jésuites.* (Un extrait de cette plaquette rarissime se trouve dans la bibliothèque de la ville de Bordeaux.) Dufau fut membre de la Société des sciences, belles-lettres et arts de Bordeaux en 1796, et de la Société du Musée de Bordeaux.

Quai Deschamps. — Deschamps (Claude), né à Vertus (Marne) le 9 janvier 1765, mort à Bordeaux le 13 novembre 1843. Ingénieur des ponts et chaussées à Perpignan de 1788 à 1791, à Rethel de 1792 à 1802; ingénieur en chef dans les Alpes en 1802, dans les Ardennes en 1809, et, la même année, inspecteur de la Xe division à Bordeaux, en remplacement de Brémontier; il conçut le projet et dirigea les travaux du pont de Bordeaux, et fit des études remarquables sur l'amélioration du cours de la Garonne et la création de canaux dans les Landes. On lui doit encore l'Entrepôt réel des douanes, place Lainé. Membre de l'Académie de Bordeaux en 1816. En souvenir des services importants qu'il a rendus à Bordeaux, son nom a été donné à l'un des quais de la rive droite de la Garonne, à La Bastide.

Rue Furtado. — Furtado (Abraham), né à Londres en 1759, mort à Bordeaux le 29 janvier 1817. Appartenait à une des familles juives qui quittèrent le Portugal et l'Espagne pour jouir de la liberté religieuse dans les villes du midi de la France. Ami de Vergniaud, de Guadet, et comme eux mis hors la loi sous la Terreur, il erra sans asile jusqu'à ce que le 9 Thermidor l'eût sauvé de la proscription. Après le 18 Brumaire, il fit partie du Collège électoral de la Gironde et du Conseil municipal de Bordeaux. Il présida avec talent l'assemblée générale des Israélites de France. Fut membre et rapporteur de la Commission préparatoire des travaux du grand Sanhédrin de France et d'Italie convoqué en 1807. Nommé adjoint au maire de Bordeaux par le roi Louis XVIII, il fut enlevé presque subitement à ses amis.

Toutes les synagogues de France exprimèrent des regrets sur sa mort, et une cérémonie funèbre fut célébrée dans celle de Paris en son honneur.

Il a laissé plusieurs ouvrages, qui sont presque tous demeurés inédits.

Rue Delord. — Delord (Étienne), né à Bordeaux en 1766; mort à Bordeaux le 21 novembre 1850. Pharmacien, inventeur de la pommade de sainbois qui a joui d'une très grande vogue; il légua à la ville de Bordeaux, par son testament du 29 juin 1850, 60,000 francs pour l'établissement de fontaines publiques, 15,000 francs pour la translation, dans un délai donné, du Jardin des Plantes, situé alors sur un terrain avoisinant l'église de la Chartreuse, dans le Jardin-Public, qui a été, depuis cette époque, transformé. Les formalités administratives pour la translation du Jardin des Plantes n'ayant pu être remplies dans le délai déterminé, la Ville n'a bénéficié que du legs de 60,000 francs.

Rue Saint-Clair. — Clair (saint), disciple de saint Martin, sacré évêque de Rome (ve siècle), il vint évangéliser l'Aquitaine, où plusieurs prodiges illustrèrent son apostolat. Il fut martyrisé à Lectoure avec six compagnons. En 811, Charlemagne fit transporter de Lectoure à Bordeaux les corps de ces sept martyrs, qui furent déposés dans une chapelle qu'il avait fait construire sur l'emplacement qu'occupe aujourd'hui l'église Sainte-Eulalie, où résident encore les reliques de ces saints; en leur honneur fut instituée la célèbre et populaire procession des « corps saints », laquelle a eu lieu, jusqu'à l'interdiction des processions, le deuxième dimanche après l'octave de la Fête-Dieu.

Rue Fonfrède. — Fonfrède (Jean-Baptiste Boyer), Girondin, né à Bordeaux en 1766; décapité le 31 octobre 1793. Entré jeune dans le commerce, ses affaires l'appelèrent en Hollande. Revint à Bordeaux au moment où éclatait la Révolution. Élu député à la Convention, il y vota la mort de Louis XVI et se joignit à ses collègues de la Gironde pour combattre les Montagnards. Il demanda contre Marat un décret d'accusation, blâma l'arrestation d'Hébert et fit mettre celui-ci en liberté. Sa persistance à défendre ses amis le fit envoyer devant le redoutable tribunal et condamner à mort. Il fut guillotiné en même temps que son beau-frère Ducos. C'était le plus jeune des Girondins. Il eut de son mariage quatre enfants. Une clause singulière de son contrat de mariage nous a paru bonne à reproduire :

« Reconnaissant que Jean Fonfrède, futur époux, est encore très jeune et qu'il n'a aucune notion du commerce; qu'il faut nécessairement qu'il se transporte dans les pays étrangers pour acquérir des connaissances et se faire des relations avec les négociants des principales villes de commerce, il est convenu, pour l'avantage des futurs époux et par eux accepté, qu'après la célébration de leur mariage, la dite demoiselle, future épouse, sera placée dans un couvent par ses père et mère, pendant que le futur époux sera absent, absence qui durera tout au plus cinq ans. »

Rue Dupré-de-Saint-Maur. — Dupré de Saint-Maur (Nicolas), dont le nom a été prononcé plusieurs fois au cours de ce volume, intendant de Guyenne de 1776 à 1785 ou 1786, mort à Paris.

Nicolas Dupré fit son entrée à Bordeaux comme intendant

de Guyenne le 9 juillet 1776, travailla avec beaucoup d'intelligence à défendre les intérêts de notre cité; fit étudier le projet d'un canal de ceinture de Bordeaux, dresser et graver la belle carte de Guyenne de Belleyme; fit ouvrir des cours de mathématiques, créer un jardin botanique et établir une pépinière de vignes; fut le protecteur de Cazalet et devint membre de plusieurs sociétés savantes; il contribua à la création de la collection d'antiques, aujourd'hui Musée lapidaire. En 1785 ou 1786, il quitta Bordeaux, y laissant le souvenir d'un administrateur hors ligne, d'un esprit supérieur, d'un homme dévoué à son pays; sa mère, femme de beaucoup d'esprit, fut l'amie de Montesquieu; son fils devint membre du Corps législatif, secrétaire des commandements de Mme la princesse Pauline Borghèse (1808).

On a de Nicolas Dupré de Saint-Maur divers écrits et mémoires.

Rue Cabirol. — Cabirol (Barthélemy), sculpteur-statuaire, né vers 1738, mort à Bordeaux le 11 septembre 1786. Agréé par l'Académie de peinture de Bordeaux en 1759; membre de l'Académie de Bordeaux en 1771, il était au nombre des douze professeurs de notre École de peinture, sculpture, etc.; fit partie de l'Académie de Poitiers et portait le titre de « sculpteur de Mgr le duc de Chartres »; prit part aux Salons de Bordeaux en 1774 et 1782. Parmi ses œuvres principales nous citons les sculptures intérieures et extérieures du palais du cardinal de Rohan (aujourd'hui Hôtel de Ville) et la chaire de la cathédrale de Bordeaux, qui fut placée primitivement dans l'église Saint-Remi. Il fit plusieurs élèves distingués : Delanoë, qui devint son gendre, Dumontreuil, etc.

Rue Castéja. — Castéja (Pierre), né à Pauillac (Gironde) en 1799, mort à Bordeaux le 25 novembre 1863. Était fils de

11

Pierre, maire de Pauillac, et propriétaire de l'un des grands crus du Médoc, Milon-Duhart. Fit son droit à Paris et vint à Bordeaux où il fut attaché comme secrétaire de Mᵉ de Saget, avocat. Entré dans la magistrature où il se fit remarquer comme substitut, il succéda en 1835 à son beau-père, M. Guillaume Maillères, dans la charge de notaire. Conseiller d'arrondissement de Lesparre, puis conseiller général pour le canton de Pauillac jusqu'en 1863. Conseiller municipal de Bordeaux, adjoint au maire, il devenait en 1859 maire de Bordeaux.

Pendant son administration furent exécutés le percement de la rue Vital-Carles et du cours d'Alsace-et-Lorraine, la construction des marchés couverts, le rachat du péage du pont de Bordeaux, l'achèvement de la canalisation des eaux, la reconstruction de la flèche de Saint-Michel, le percement des boulevards extérieurs, etc. Administrateur des hospices, du Bureau de bienfaisance, de la Caisse d'épargne, etc., président de la Chambre des notaires, sa vaste intelligence et son activité suffisaient à toutes les charges que lui conférait l'estime publique.

Rue Bouthier. — Bouthier (Claude-Eugène), né à Semur-en-Brionnais (Saône-et-Loire) le 11 août 1794, mort à Caudéran. Conseiller à la Cour de Bordeaux le 31 août 1830, président du Tribunal civil de Bordeaux le 7 avril 1847; de nouveau conseiller à la Cour de Bordeaux le 1ᵉʳ juillet 1854; président de chambre le 31 juillet 1858, et président honoraire le 18 octobre 1862. Élu député de la Gironde en 1834, il fut peu de temps après remplacé par M. de Bryas. A laissé la réputation d'un jurisconsulte hors ligne, d'un des présidents les plus distingués qu'ait eus notre Cour d'appel.

Rue Ferrère. — Ferrère (Philippe), avocat, né à Tarbes le 4 octobre 1767, au sein d'une famille modeste. Ses études terminées au collège de La Flèche, il vint à Bordeaux en 1788, entra comme précepteur chez M. de Groc, président à la Cour des aydes. Il se consacra à l'étude du droit, se fit inscrire en 1790 au barreau de Bordeaux, où il ne tarda pas à prendre l'une des premières places; il possédait tous les talents de l'orateur et toutes les lumières du jurisconsulte, l'esprit de justice et le désintéressement du modèle des avocats. Ferrère était de haute taille, un peu voûté; il avait de gros traits, l'œil sombre, la vue basse, mais dans la discussion son regard prenait une vivacité extraordinaire. Il est mort à Bordeaux, jeune encore, épuisé par le travail. Ferrère a laissé, en manuscrit, un curieux récit de la rentrée du duc d'Angoulême à Bordeaux. Ce précieux document, qui se trouvait il y a quarante ans dans les mains de M. Amic, lithographe à Bordeaux, a été mis en vente publique en avril 1850 et adjugé 57 francs à un des héritiers, dit la *Statistique* de M. E. Feret, à laquelle sont empruntés des détails sur les rues dont il est parlé à la fin de ce volume.

Rue Dupaty. — Dupaty (Charles-Marguerite-Jean-Baptiste Mercier), né en 1744 à La Rochelle, mort à Paris le 15 septembre 1788; avocat général au Parlement de Bordeaux; enfermé, à la suite de ses écrits, dans le fort de Pierre-Encise à Lyon; président à mortier en 1778; membre de l'Académie de Bordeaux le 22 janvier 1769.

A publié plusieurs ouvrages et mémoires, parmi lesquels il faut citer : *Mémoire justificatif pour trois hommes condamnés à la roue* (Lardoise, Simare et Bradier de Chaumont), Paris, 1786, in-4º. (Cet écrit éloquent et courageux en faveur de trois accusés que l'auteur présumait innocents, fut condamné à être lacéré et brûlé par la main du bourreau, par arrêt du Parlement de Paris du 11 août 1786.)

Le portrait de Dupaty a été gravé par Gaucher en 1786, d'après Nanté.

Rue de Candale. — Candale (comtes de), branche des comtes de Foix issus de la maison de Grailly. Elle a eu pour auteur Gaston de Foix, deuxième fils d'Archambaud de Grailly et d'Isabelle de Foix. Il fut captal de Buch et fut nommé comte de Longueville et de Benauge par les rois d'Angleterre Henri V et Henri VI. Il épousa en 1410 Marguerite d'Albret, dont Jean de Foix, captal de Buch, lequel obtint du roi d'Angleterre le comté de Candale, qu'il perdit après la réunion de la Guyenne à la France.

Gaston de Foix, comte de Candale, fils de Jean ci-dessus, eut entre autres enfants : Jean de Foix, archevêque de Bordeaux ; Anne de Foix, mariée à Ladislas, roi de Hongrie, et Gaston de Foix, comte de Candale, qui épousa l'héritière du comté d'Astarac. De ce mariage sont issus entre autres : Christophe et François de Foix, successivement évêques d'Aire, et Frédéric de Foix, comte de Candale, père d'Henri de Foix, comte de Candale, qui fut tué au siège de Sommières en 1573, et ne laissa, de son mariage avec Marie de Montmorency, qu'une fille, Marguerite de Foix, comtesse de Candale, qui porta le titre de comte de Candale dans la maison de Nogaret, et une autre fille religieuse.

Foix, duc de Candale (François de), baron de Castelnau, seigneur de Puy-Paulin, captal de Buch, surnommé le Grand Candale, né à Bordeaux le 15 août 1512; conseiller du roi, évêque d'Aire en 1570; fonda une chaire de mathématiques au collège de Guyenne le 21 juillet 1591, et la dota d'une rente de 500 livres. On a de lui plusieurs ouvrages de philosophie et de mathématiques. Mécanicien habile, Candale construisit plusieurs machines de son invention et un jeu d'orgues dont Marguerite de Foix fit don au chapitre de Cadillac. Il s'occupa de la transmutation des métaux et composa aussi un élixir qui devint populaire sous le nom d'*Eau de Candale*. Il mourut à Bordeaux en son château de la rue Puy-Paulin, le 5 février 1594, léguant au couvent des Augustins, dans lequel il fut inhumé, sa riche bibliothèque.

Rue Duffour-Dubergier. — Duffour-Dubergier (Lodi-Martin Duffour-Debarte, dit), né à Bordeaux le 20 frimaire an VI (1797), mort à Bordeaux le 7 avril 1860, fils de Jean-Baptiste Duffour-Debarte et de Françoise Dubergier. Entra jeune dans les affaires, où il ne tarda pas à acquérir une importante situation.

En 1831, à la tête d'une belle fortune, il fit partie du Conseil municipal, puis fut nommé maire de Bordeaux de 1842 à 1848. Plusieurs fois président du Conseil général, membre et président de différentes Sociétés, il put, avant de mourir, saluer le triomphe des idées libre-échangistes qu'il avait défendues toute sa vie. Propriétaire de grands vignobles, il fit faire des travaux viticoles importants. Il cultiva les lettres et les beaux-arts ; il avait réuni dans son hôtel une très belle collection de tableaux qu'il légua à sa ville natale, et qui ont pris place dans notre Musée.

La mort de cet homme de bien prit les proportions d'un deuil public ; jamais funérailles ne furent faites avec un concours plus grand de population.

Son buste, sculpté par Prévot, orne la façade d'un des pavillons du Musée de Bordeaux.

La rue Duffour-Dubergier a porté précédemment le nom de rue Boule-du-Pétal.

Rue Combes. — Combes (Louis-Guy), architecte, né à Podensac (Gironde) en 1758, d'après de Gères ; en 1754, d'après Marionneau ; mort à Bordeaux le 7 mars 1818. Élève de Lartigue et de Bonfin, lauréat de l'Académie de peinture et du concours d'architecture, pensionnaire du roi à Rome de 1781 à 1783, revint à Bordeaux, fut admis à l'Académie des arts, et reçut le titre d'ingénieur en chef des départements de la Gironde, de la Dordogne et de la Charente. A restauré l'église Saint-André et reconstruit les aiguilles de ses flèches; a fourni le plan de l'exploitation des terrains de l'emplacement du Château-Trompette; a bâti la salle de l'Athénée, rue Mably; le Dépôt de mendicité, aujourd'hui Petit-Séminaire, et un grand nombre de maisons particulières. On lui doit les plans d'un grand hôpital, d'un palais de justice, d'un palais impérial; a édifié divers monuments publics ou municipaux à Bazas, Agen, Angoulême, Toulouse, etc. En 1796, il fut élu correspondant de l'Institut, et en 1797, membre de l'Académie de Bordeaux. Vers 1803, il inventa un procédé pour accélérer la rapidité du tir des canons. Théoricien autant que praticien, il a publié divers travaux ou mémoires.

Rue Desbiey. — Desbiey (Guillaume), entrepreneur et receveur des fermes du roi, à La Teste, né à Saint-Julien-en-Born (Landes), mort à La Teste (Gironde) en 1785 ou 1787. Agronome et naturaliste distingué, un des précurseurs de Brémontier, auquel ses travaux ouvrirent la voie. Il est auteur d'une dissertation lue en séance publique de l'Académie de Bordeaux, le 25 août 1774, sur *l'Origine des sables de nos côtes, sur leurs funestes incursions vers l'intérieur des bois et sur les moyens de les fixer et d'en arrêter les progrès;* d'un travail sur les *Coquillages fossiles, pétrifications, cristallisations, trouvés dans la carrière de Léognan, chez M. d'Abadie, de 1759 à 1764;* d'un *Mémoire sur la meilleure manière de tirer parti des landes de Bordeaux, quant à la culture et à la population,* qui a remporté le prix de l'Académie de Bordeaux. Bordeaux, M. Racle, 1776, in-4°.

Rue Desfourniel. — Desfourniel (Jacques-Antoine-Verdelhan), né à Chantelle (Allier) le 9 mai 1756. Issu d'une famille distinguée du Gévaudan, était receveur général de la manufacture de Tonneins lorsque éclata la Révolution. Cette manufacture, devenue propriété privée, fructifia par ses soins; ses capacités le firent ensuite remarquer à Bordeaux dans son établissement de tabacs, avec lequel il fit une rapide fortune qui allait grandissant lorsque l'État s'empara du monopole des tabacs; ce fut pour lui presque la ruine; il essaya de nouvelles branches de commerce, les revers se succédèrent; il les supporta comme un sage. « Mon nom est sans tache, disait-il, mes enfants en hériteront. Je leur laisse encore un bel héritage. » Il fut membre et président de la Chambre de commerce, président du Tribunal de commerce; chargé d'organiser le Mont-de-piété; membre et vice-président de l'Administration des hospices; membre du Conseil général de la Gironde, il réclama l'érection de la statue en marbre de M. de Tourny. En reconnaissance des services rendus, le gouvernement le nomma inspecteur des hospices de France. Peu de temps après, il mourut à Paris (1827). Son nom a été donné à l'une des salles de l'hôpital Saint-André. Son fils fut longtemps directeur du Mont-de-Piété de Bordeaux.

Rue Lafaurie-de-Monbadon. — Cette rue s'est appelée longtemps rue de la Grande-Taupe. L'origine de cette dénomination est inconnue. Deux rues qui aboutissent à celle-ci ont reçu les noms de deux de nos illustrations locales: Delurbe et Darnal.

C'est dans la rue Lafaurie-de-Monbadon que se trouve l'institution fondée par M. F. Courdurié, licencié ès lettres, dont tous les lecteurs de ce livre ont entendu parler.

M. Courdurié est ancien professeur de l'Université, chargé de cours au lycée de Bordeaux.

Cette maison modèle, dont la création remonte à l'année 1874, — c'est déjà une longue période de succès! — compte parmi ses anciens élèves un millier de bacheliers. L'instruction et l'éducation y sont l'objet de soins précieux.

L'installation pour les nombreux pensionnaires en est très confortable.

Rues de la Devèze et Belleville. — La rue Belleville, dont nous avons parlé page 83, est traversée par le ruisseau de la Devèze, qui coupe la ville de l'ouest à l'est. Un peu à droite de ce cours d'eau est la rue de la Devèze.

Une mention doit être consacrée, dans ce quartier, à l'important entrepôt de charbons anglais, bois scié et fendu, et charbons du Périgord, livrés en sacs plombés, de MM. A.-F. BAGNÈRES et Ce, 81, rue Belleville. Le « boulet Cronstadt » d'anthracite sans fumée pour appartements, innové par cette maison, est tout simplement une merveilleuse trouvaille.

Rue Sainte-Catherine. — La rue Sainte-Catherine est une des plus anciennes et des plus intéressantes du Bordeaux d'autrefois, comme elle est la plus animée, la plus vivante du Bordeaux de nos jours.

Jadis — en 1850 encore — cette voie, depuis les fossés de l'Intendance où elle commençait jusqu'au cours des Fossés (Victor-Hugo), était inégale, tortueuse, laide à désespérer. Par des miracles de vouloir et d'énergie, les administrations municipales qui se sont succédé ont réussi à en faire une rue très acceptable, somme toute, — en attendant la fameuse « grande voie » dont nos petits-neveux, disent les endurcis pessimistes, pourront peut-être célébrer l'achèvement.

La rue Sainte-Catherine était, à l'époque dont nous parlons, ainsi dénommée jusqu'à la place Saint-Projet. Par suite du peu de largeur que nous avons indiqué, c'est à peine si deux voitures pouvaient y passer de front ; la circulation souvent devenait dangereuse pour les promeneurs, surtout au passage des courriers postaux qui, partant de la rue

Porte-Dijeaux, se dirigeaient à très vive allure vers les routes de Toulouse et de Bayonne. Et, comme de nos jours, les passants étaient nombreux dans la rue Sainte-Catherine; le commerce y était très actif.

En 1852, au coin de la rue de la Devise, une maison d'un genre tout nouveau pour Bordeaux fut créée par M. Viton père.

Jouets, articles de fantaisie et d'utilité furent réunis dans cette Maison; toutes les marchandises étaient marquées en chiffres connus; aussi sa réussite fut-elle complète et nous l'avons vue s'établir peu d'années après, notablement agrandie, aux nos 24 et 26 de la même rue Sainte-Catherine, s'agrandissant toujours, envahissant jusqu'à l'angle de la rue du Parlement, pour déborder ensuite rue des Piliers-de-Tutelle. Elle ne doit pas s'arrêter là, et nous la verrons gagner encore du terrain.

Malgré son nom, MAISON UNIVERSELLE, le public l'a souvent appelé Magasin Universel et tous les Bordelais ont parcouru ses vastes galeries, comme enfants d'abord pour y choisir des jouets, et plus tard y achetant à leur tour pour leurs enfants et leurs petits-enfants. Que de joies pures et douces nous sont venues grâce à lui !

M. Viton étant décédé en 1890, son fils, qui depuis quinze ans déjà secondait son père dans la direction de cette Maison, en prit seul la charge et c'est lui-même qui la dirige à l'heure actuelle.

Nous ne terminerons pas cette notice sans redire qu'il n'est pas un Bordelais ou une Bordelaise qui n'ait eu à se louer de l'accueil, gracieux toujours, fait aux nombreux visiteurs de cette importante Maison, — et, par le temps qui court, ce détail a sa valeur ! Elle a d'ailleurs toujours su prévenir les goûts spéciaux à notre région et s'est identifiée à nos us et coutumes. Son renom d'honorabilité est indéniable : il nous paraît inutile d'insister davantage à cet égard, car elle est trop bien connue de tous.

La surface occupée par les magasins de vente est d'environ 1,850 mètres carrés ; les dépôts et réserves occupent à eux seuls plus du double. Le personnel employé à la vente est d'environ une centaine de personnes à la morte saison et doublé au moment du travail de fin d'année. Les deux tiers au moins de cet effectif sont nourris et logés dans la maison.

L'organisation de la MAISON UNIVERSELLE est remarquable ; nous appelons sur elle l'attention des personnes qu'intéressent les grands problèmes du travail et de la production.

De la place Saint-Projet à la rue du Loup, la rue Sainte-Catherine devenait la rue Marchande; puis la rue des Trois-Maries, de la rue du Loup aux rues des Trois-Canards et du Mû, sur l'emplacement desquelles a été ouverte une partie du cours d'Alsace-et-Lorraine. Au coin des rues du Mû et des Trois-Maries se voyait, vers 1850, la maison Fourcand, — drogueries, — où naquit l'ancien et regretté maire de Bordeaux.

La rue du Poisson-Salé faisait suite jusqu'à la rue des Ayres (une fontaine, dite du Poisson-Salé, se trouvait sur la gauche de cette voie). Venait ensuite la rue du Cahernan, qui prenait fin aux Fossés de ville. A cet endroit, la rue était dénommée rue Bouhaut jusqu'à la place Saint-Julien (d'Aquitaine). La rue Bouhaut et les voies adjacentes étaient uniquement habitées par des familles israélites qui formaient une colonie extrêmement dense. On y faisait surtout le commerce de la friperie. Tous les ouvriers de Bordeaux étaient les clients des boutiques noires, enfumées, qui ont disparu peu à peu pour faire place à des magasins plus éclairés, plus aérés.

Ainsi, à l'angle des rues Sainte-Catherine (n° 205) et Labirat (nos 2 et 4), M. Lobis — dont le nom fut si apprécié sur la place de Bordeaux — fonda, en 1846, de très beaux ateliers de construction pour chaudronnerie et appareils de distillation.

Depuis cette époque déjà reculée, ces ateliers ont pris une grande extension. C'est de chez M. Lobis que sont sortis les premiers appareils pour la fabrication des boissons gazeuses.

La maison Lobis porte depuis 1885 le nom de HERVÉ ET MOULIN. Les deux honorables successeurs de M. Lobis, suivant l'exemple du fondateur des ateliers, sont les inventeurs heureux de plusieurs appareils, entre autres d'un petit appareil portatif à l'usage des débits et buvettes et à l'aide duquel, par l'action de l'acide carbonique liquide, les ménagères peuvent faire à domicile l'eau de seltz, et en général toutes les boissons gazeuses. C'est précieux et d'un bon marché exceptionnel : il est impossible d'avoir mieux et à meilleur compte dans notre ville — et même à Paris.

La maison Hervé et Moulin, où une remarquable activité règne constamment, est pourvue d'un outillage perfectionné selon les goûts et les besoins de notre époque, ce qui lui permet de livrer avec rapidité les commandes d'appareils pour les distillateurs-bouilleurs de cognacs et eaux-de-vie, pour les préparateurs de vins mousseux, etc., avec nouveau et très ingénieux système de mélangeur, pour arriver à une entière saturation, et détenteur-régulateur de pression breveté.

Tous les produits de cette Maison — qui a obtenu (c'est tout dire) dans les Expositions 35 médailles et diplômes d'honneur, et qui est aussi réputée à l'étranger et aux colonies qu'en France — présentent toutes les garanties désirables de fonctionnement et de solidité.

Les Chartrons. — I. Le faubourg des Chartrons était le plus considérable des huit faubourgs qui environnaient Bordeaux ; et lorsque cette ville était divisée en trois municipalités, les Chartrons en formaient une. Son nom vient d'un couvent qui y a subsisté pendant un siècle. Les Chartreux de Vauclaire en Périgord, se voyant forcés d'abandonner leur monastère, parce qu'il était continuellement dévasté par les armées françaises qui ravageaient la Guyenne, lorsque cette province était sous la domination anglaise, vinrent chercher un asile à Bordeaux. Ils y furent accueillis par Pierre de Maderan, notaire de cette ville. Par acte du 5 septembre 1383, il leur donna deux maisons et leurs jardins, qu'il possédait hors des murs de Bordeaux, dans un endroit appelé « Audeyola », près de l'ancien Château-

Trompette. Cette donation fut acceptée par Dom Pierre de Fougeras, prieur de Vauclaire, et par dom Pierre de Bosco, procureur du même monastère. Les Chartreux bâtirent en cet endroit un petit couvent dans lequel ils résidèrent jusqu'à la pacification de la Guyenne. Ils occupaient encore ce couvent en 1425, car il en est parlé dans le testament fait le 25 août de la même année par Pierre Andra, chanoine de Saint-Seurin. Cet acte porte le legs suivant en faveur des Chartreux de Bordeaux : « Et plus a dat et leyssat lo dit
» testayre (testateur) à la capera de Nostra-Dona deus Char-
» troux vingt souds una vetz pagaduyras, per tant que los
» prior et frayres de la deyta capera sian tengutz de preguar
» Diu per l'arma (l'âme) deu dit testayre. »

II. Autour de ce couvent se groupèrent insensiblement des habitations particulières qui formèrent le village des Chartreux, lequel est devenu le faubourg des Chartrons, car ce quartier a porté successivement ces deux noms. Le dernier dérive évidemment du premier, et il est le seul en usage depuis la fin du XVIIe siècle, ainsi qu'il résulte des écrits du temps.

Lorsque le calme fut rétabli dans la province par l'expulsion des Anglais, qui la possédèrent pendant trois siècles, les Chartreux retournèrent dans leur couvent de Vauclaire et aliénèrent les propriétés qu'ils avaient à Bordeaux. Ils n'y conservèrent que la chapelle des Chartrons, dont jusqu'à la Révolution ils ont loué l'usage aux marins étrangers qui abordaient dans ce port, et qui faisaient célébrer l'office divin les jours de fête dans cette chapelle. Elle était placée à l'entrée méridionale du quai des Chartrons; on la désignait sous le nom de « Chapelle des Étrangers ». Quoique petite et bâtie sur l'alignement de la façade des maisons de ce quai, elle était distinguée par une croix que supportait une belle colonne en pierre qui s'élevait sur le trottoir.

Rue d'Arès. — La rue d'Arès, autrefois Pont-Long (alors que la rue Saint-Clair, où vient de s'édifier le charmant théâtre-concert les Bouffes-Bordelais — angle de la rue Judaïque, — portait le nom de rue du Petit-Pont-Long), n'offre rien de particulier à l'étude historique. Nous en avons dit, au surplus, quelques mots dans l'ouvrage : *A travers le vieux Bordeaux.*

Dans les maisons spacieuses qui ont remplacé les petites masures qui bordaient jadis cette route des landes girondines, se trouve installée, aux numéros 64, 66 et 68, l'importante DISTILLERIE DU PROGRÈS, dont le fondateur est M. Marchand, l'importateur du populaire Rhum des Gastronomes, si apprécié.

Cette fabrique-modèle de liqueurs et spiritueux, qui occupe aujourd'hui un si vaste local, a subi récemment d'importantes améliorations qui en ont fait le type du genre moderne. Son installation est due à la maison Hervé et Moulin, dont nous avons parlé à propos de la rue Sainte-Catherine.

La maison Marchand et Ce emploie un nombreux et intelligent personnel; aussi, ses marques jouissent-elles de la faveur des gourmets.

Autrefois, l'octroi se trouvait rue d'Arès, à la porte du cimetière de la Chartreuse. Depuis l'agrandissement de la vaste nécropole, la limite de notre ville fut reculée jusqu'à la belle voie de ceinture qui porte le nom de boulevard de Caudéran.

A partir du boulevard de Caudéran, la rue d'Arès se dénomme Chemin d'Arès, une voie pimpante, pittoresque et gaie qui conduit aux sites les plus charmants de notre banlieue bordelaise.

A l'entrée du chemin d'Arès est fondée depuis l'année 1864 l'industrie de fabrication de pressoirs et de matériel agricole de M. G. PRIMAT, qui a eu tout d'abord pour principe de se distinguer par une production consciencieuse et soignée, et par la recherche constante de toutes les innovations utiles.

Cette Maison construit en général tous les instruments de viticulture. Les charrues et herses vigneronnes, les grandes charrues de défoncement pour plantations de vignes, les fouloirs, égrappoirs, pompes d'épuisement, etc. Mais elle jouit tout particulièrement d'une grande renommée pour les pressoirs horizontaux à clavette simultanée pour vendanges, — des instruments dont chacun connaît l'importance dans les exploitations agricoles.

Quand nous aurons ajouté que M. G. Primat — qui construit également toutes les machines relatives au travail de la presse, tant agricole qu'industrielle — a obtenu dans les Expositions et concours plus de cent médailles pour les perfectionnements de sa fabrication, nos lecteurs seront suffisamment édifiés sur la confiance qu'il peut inspirer aux agriculteurs.

A deux pas du chemin d'Arès, vers le quartier de Saint-Augustin, se trouve la *rue des Chênes-Lièges*, où sont installés les magasins et entrepôts des CHARBONS GIRONDINS.

La Compagnie des CHARBONS GIRONDINS, société anonyme au capital de 355,000 francs, créa, en 1874, à Bordeaux l'industrie du charbon économique dit de Paris, fabriqué avec les résidus de charbon de bois et ajouta à cette industrie le commerce des charbons de toutes sortes livrés en sacs plombés et en paquets cachetés.

M. Charles Duffart, employé de la Compagnie, acheta, en 1893, à cette dernière son fonds industriel et le développa de notable façon en créant une succursale à Arcachon et en améliorant encore la partie commerciale.

C'est lui qui a présenté le premier au public, en 1894, les charbons livrés en caisses, et sa marque *la Ménagère*, souvent contrefaite, est en grande faveur auprès des cinq mille clients de l'importante maison des Charbons Girondins.

Superficie des magasins et terrains occupés par les Charbons Girondins : 4,000 mètres carrés.

Douze voitures font constamment le service du détail.

Cours d'Alsace-et-Lorraine. — I. Une partie du cours d'Alsace-et-Lorraine a porté longtemps le nom de rue du Peugue (du ruisseau qui passe sous cette voie). La porte Toscanam, qui subsistait en 1850 à l'entrée de la rue du Peugue, fut bâtie lors du premier accroissement de Bordeaux. Sa dénomination lui est conservée dans les anciens titres. Dans la relation de l'entrée du maréchal de Richelieu, il est dit que le cortège passa dans la rue des Lois, où l'on avait comblé le puits de Toscanam pour élever à sa place un arc de triomphe. Cependant, dans la nomenclature des voies publiques, en 1840, on a transféré à la porte Toscanam le nom de Porte-Basse, qui s'élevait à son côté et qu'on a démolie dans les premières années du siècle. C'est un héritage nominal qu'on voulait faire passer d'un édifice ancien à un édifice moderne, en dépit des archéologues et de la vérité.

La rue du Peugue, qui s'étendait à la suite de la porte Toscanam, a été appelée rue des Mottes, parce que plusieurs tanneurs y avaient leurs ateliers, et qu'on y fabriquait, avec le résidu du tan, une sorte de masse ronde, nommée *motte*, qui sert à alimenter le feu des petits ménages. Dans un plan de Bordeaux, gravé en 1787, cette rue est désignée sous la dénomination ignoble de rue *Cague-Mule*. On doit rapporter l'origine d'une pareille dénomination aux écuries où l'on renfermait les mules destinées au service des anciens moulins qui étaient établis sur le ruisseau du Peugue, suivant la *Chronique*, sous l'an 1404. A l'extrémité orientale de cette rue, on voyait, il y a quelques années une vieille tour adossée au mur de ville, et qu'on appelait la *Tour du Pendard*. C'était l'ancienne demeure du bourreau.

II. La Porte-Basse a subsisté jusqu'en 1803, à l'extrémité méridionale de la rue ainsi appelée. Cette porte était percée dans le mur de la première enceinte de Bordeaux, et son nom annonçait combien peu elle était remarquable. Cependant les personnes qui ne l'ont pas vue pourraient le regretter, attendu qu'on la cite comme un beau monument d'architecture romaine. Il y a plus : le rédacteur de l'*Almanach historique de Guienne* pour l'année 1760 a bravé les démentis des habitants de notre ville, en rapportant les mauvais vers suivants faits par l'un d'eux en l'honneur et gloire de cette espèce de porte :

> Bordeaux, vante ton monument :
> Tel de l'antique Rome était le fondement.
> Plus auguste est la Porte-Basse
> Que le haut portail d'un palais.
> Cette grande et superbe masse
> Voit les siècles couler sans s'ébranler jamais.

Et pourtant, la Porte-Basse n'était ni auguste, ni haute, ni superbe. Ce prétendu monument romain était tout bonnement une ouverture informe d'environ quatre mètres en tous sens, pratiquée dans une muraille qui avait deux mètres d'épaisseur. Elle n'offrait rien de remarquable dans sa forme. Il avait été question de la démolir en 1766, parce qu'elle obstruait la voie publique. Mais les jurats ne purent se mettre d'accord avec le chapitre de Saint-André, qui, en sa qualité de seigneur foncier du terrain sur lequel cette porte était bâtie, et comme possédant sur son surhaussement une maisonnette, demandait 50,000 francs d'indemnité pour consentir à cette démolition.

Aux côtés de la Porte-Basse fut fondée, en 1852, par M. BROUILLAUD, une maison de confections pour hommes et enfants, qui, très rapidement, devait prendre un développement inespéré et se placer à la tête des industries similaires.

Cette maison, M. A. BROUILLAUD la créa — elle fut la première — avec une sorte de prescience, à deux pas de l'église Saint-André, appelée à être dégagée des masures qui l'entouraient, et sur l'emplacement où devait être tracée l'entrée de notre magnifique cours d'Alsace-et-Lorraine. Depuis cette époque, à mesure que les administrations municipales amélioraient et embellissaient ce coin de Bordeaux, la maison s'étendait, s'agrandissait, se développait. Aujourd'hui, elle occupe une grande surface sur la rue Porte-Basse et une plus grande encore sur le cours d'Alsace-et-Lorraine : les magasins Brouillaud sont, en effet, installés dans les superbes immeubles portant les numéros 120 à 128 de cette belle voie. Cela fait 50 mètres de façade.

En 1870, l'armée s'approvisionna chez MM. Brouillaud, dont les vêtements pour bébés et adultes ont d'ailleurs eu toujours la plus flatteuse vogue bien méritée, tant au point de vue de l'élégance raffinée de la coupe et de la solidité qu'à celui de la valeur des étoffes employées à leur confection.

L'État accorde sa confiance à MM. Brouillaud, qui sont les fournisseurs officiels et attitrés de plusieurs de nos établissements nationaux — régionaux et autres. Il en est de même de la Ville, qui charge ces faiseurs de talent de l'exécution de commandes importantes.

Dans la plupart des collèges et lycées de la région, c'est encore les vêtements de cette Maison doyenne qui sont portés par les élèves.

On a vu, sur la couverture de ce livre, la reproduction des magasins, si abondamment pourvus, de MM. Brouillaud. Il se traite là, chaque année, un formidable chiffre d'affaires. La clientèle est plus nombreuse que jamais, séduite par le bon marché exceptionnel dont elle est appelée, par surcroît, à bénéficier.

Remarquablement installés, avec téléphones, ascenseurs, salons d'attente, d'essayage, etc., les magasins et ateliers Brouillaud offrent, le soir, sous les flots des milliers de lampes électriques, l'aspect le plus vivant, le plus animé, le plus riche.

III. Au-dessus de la Porte-Basse on voyait dans une niche une statue en pierre assez bien sculptée, d'environ 1 mètre de hauteur, représentant un personnage vêtu d'un habit long, la tête ceinte d'une couronne de fleurs, et dont les mains, rapportées en bois, tenaient un livre ouvert. Le peuple appelait cette statue *Saint Bordeaux*, et disait aux étrangers qu'elle tournait la feuille de son livre exactement à minuit. Il la considérait comme le *palladium* de la Ville, et dans toutes les fêtes publiques il l'entourait de guirlandes.

L'examen des pierres de la Porte-Basse et de celles qui formaient le mur prolongé des deux côtés, derrière plusieurs maisons de la rue des Trois-Canards et de celle du Peugue, put convaincre les Bordelais que le mur de ville, dans cet endroit comme dans d'autres, avait été construit en partie avec les pierres qui provenaient de quelque grand édifice public. Beaucoup de ces pierres offraient des débris de colonne, de cariatide et d'autres fragments notables de sculpture. On sait qu'après la retraite des Barbares, qui avaient successivement saccagé Bordeaux, les ducs d'Aquitaine en firent relever les murs de clôture sur le plan que les Romains avaient tracé à cette vieille ville lorsqu'ils la possédaient. Il est évident qu'on employa pour cette reconstruction les matériaux épars des édifices qu'ils y avaient élevés. Ainsi la Porte-Basse n'était pas un ouvrage des Romains, mais elle avait été bâtie avec les débris de leurs monuments.

Quant à la statue qui subsista sur cette porte, on pense qu'elle a été érigée par les Bordelais en l'honneur de la fameuse Aliénor, fille du dernier duc d'Aquitaine. On sait que pendant qu'elle fut reine de France, puis d'Angleterre, de 1137 à 1204, elle fit plusieurs fondations utiles dans Bordeaux, qui l'avait vue naître. Il est naturel de penser que

les habitants auront témoigné leur reconnaissance à cette princesse en lui élevant une statue, et qu'ils l'auront placée sur le plus ancien monument de cette ville. A la longue, des contes populaires se seront mêlés à ces témoignages de la vénération publique et en auront défiguré le motif.

Adossée presque à la porte Basse et aux murs de ville se trouvait la vieille église des Irlandais, en façade, il y a des années, sur la place Pey-Berland. Sur l'emplacement occupé jadis par cette église, désaffectée à la fin du siècle dernier, on peut aujourd'hui remarquer pour leur installation grandiose, leur élégance et leur harmonie, les magasins d'ameublements d'une de nos grandes maisons bordelaises dont la réputation, déjà établie, nous dispense de faire l'éloge.

Fondée en 1849 par M. PLAZANET PÈRE, cette maison n'a cessé de prendre depuis cette époque une extension considérable, et la vogue toujours croissante dont elle jouit n'est que le résultat d'une compétence exceptionnelle de son chef, cherchant toujours une amélioration possible et le moyen de la réaliser.

En même temps qu'un édifice historique du vieux Bordeaux, ces magasins sont une curiosité de notre Bordeaux moderne par leur organisation artistique, dont nous ne pouvons donner à nos lecteurs qu'une faible idée. Cependant, on nous saura gré de présenter la perspective d'une des galeries de ces grands magasins.

La maison PLAZANET a obtenu la médaille d'or à notre Exposition bordelaise, où son mérite a été consacré non seulement par le jury, mais par tous les amateurs de belles choses.

La Grosse Cloche, le cours Victor-Hugo (anciennement des Fossés). — Dans les vieux titres, les tours de l'ancien hôtel de ville (Saint-Éloi) sont appelées *Tors de Sent-Elegy*, à cause de leur proximité avec l'église Saint-Éloi, qui fut construite en 1159. La *Chronique*, sous l'an 1449, dit : « En cette année, les grandes tours de la Maison de ville, représentant les armoiries d'icelle, sont eslevées jusqu'au haut. » On doit penser qu'elles furent seulement surhaussées et terminées à cette époque, car, dans un cartulaire du chapitre de Saint-André, il est fait mention d'un acte passé en 1246, par lequel il est cédé à la jurade un terrain situé entre l'église Saint-Éloi et un lavoir qui était auprès du mur de ville, en compensation de l'emplacement qu'on avait pris à l'entrée de la dite église, pour y construire deux tours de la ville.

En 1548, la couverture de ces tours fut enlevée par ordre du connétable de Montmorency, que le roi avait envoyé à Bordeaux pour faire rechercher et punir les auteurs et complices de l'émeute populaire qui venait d'avoir lieu dans cette ville. Les cloches du beffroi et de l'horloge, que supportaient ces tours, en furent descendues et enfermées au Château-Trompette, ainsi que celles des églises où les émeutiers avaient sonné le tocsin. Charles IX permit de remettre ces cloches dans leur ancienne place en 1561, parce qu'il dut trouver absurde qu'on eût pu les accuser d'être complices d'une émeute.

Les tours de l'ancien Hôtel de Ville, qui forment l'écusson de Bordeaux, y sont représentées au nombre de quatre. Il n'en subsiste actuellement qu'une, les autres ayant été démolies il y a environ un siècle. Une de ces tours était du côté méridional de l'église Saint-Éloi. Alors, l'entrée de l'Hôtel de Ville se trouvait en face de cette église. Ces tours servaient à renfermer, par forme de correction paternelle, les jeunes gens dont les familles avaient à se plaindre. Les anciens Bordelais, qui riaient de tout, appelaient cette prison l'*hôtel du Lion-d'Or*, à cause de la girouette de cuivre en forme de lion qui couronne ces tours. Sous leur arceau est placée l'horloge de la ville, avec un grand cadran sur chaque face.

Dans le grand arceau des tours s'élève la cloche du beffroi de la ville: elle mérite quelques détails comme ouvrage d'art. Cette cloche a été fondue dans le local actuellement occupé par l'hôpital Saint-André (côté Sainte-Eulalie), ancienne caserne de Saint-Raphaël. Son poids est de 78 quintaux métriques. Elle a 2 mètres de hauteur depuis l'ouverture jusqu'aux anses, 24 centimètres d'épaisseur à la batterie, 2^m04 de diamètre dans le bas, et la moitié de cette dimension dans le haut. Sur les anses et sur le cerveau sont sculptés quatre lézards, un mascaron, des guirlandes avec les armes de France, de la Ville, du maréchal de Richelieu, gouverneur de la province, du maréchal de Mouchy, commandant, et de la duchesse d'Aiguillon. Cette dame fut, avec son oncle Richelieu, ce qu'on appelait parrain et marraine de la cloche. Ce travail, dans toutes ses parties, fait honneur aux talents de Turmeau père et fils, fondeurs en métaux, très renommés alors à Bordeaux. Les noms des principaux fonctionnaires publics de la ville se lisent, comme on pense bien, sur cette cloche, ainsi qu'un distique latin à mots correspondants, pour annoncer les principaux usages auxquels elle est destinée. Voici cette inscription, dans laquelle on remarque deux mots bien étranges :

| CONVOCO | SIGNO | NOTO | COMPELLO | CONCINNO | PLORO |
| ARMA | DIES | HORAS | NUBILA | LÆTA | ROGOS |

Ce qui apprend que la cloche appelle aux armes, annonce les jours, indique les heures, *chasse l'orage,* signale les réjouissances et porte secours aux incendies.

C'est au XVIIIe siècle que les magistrats d'une grande cité ont voulu apprendre à la postérité que leur cloche avait la vertu de chasser l'orage, tandis que les physiciens du temps avaient démontré le danger que l'on court en agitant l'air dans un lieu sur lequel passe un nuage chargé de matière électrique ! Il n'y a que les vieilles bonnes femmes du pays qui disent encore que la cloche de leur paroisse a le pouvoir d'*esconjura la malino.*

Notre cloche devait sonner pour bien d'autres occasions, dont le distique ci-dessus ne fait pas mention, ce qui rendait fort assujettissantes les fonctions de ceux qui étaient chargés de la mettre à la volée. Ces fonctions étaient réservées aux maîtres savetiers de Bordeaux ; aussi, jouissaient-ils du privilège d'être dispensés des services publics auxquels étaient tenus tous les habitants.

Le 5 septembre 1775, la cloche de l'Hôtel de Ville fut montée au haut des tours en moins d'une heure. Dans aucune circonstance de sa fonte, de son transport ni de sa mise en place, il n'arriva le moindre événement sinistre. Elle en a plusieurs fois procuré d'agréables aux jurats ; car, lorsqu'elle sonnait pour quelque cérémonie publique extraordinaire, ils étaient anoblis par le roi, pour les récompenser de la peine qu'ils avaient prise d'y assister. Les jurats qui étaient gratifiés de lettres de noblesse étaient appelés les *Nobles de la cloche.*

Les armoiries de Bordeaux, qui ne sont autre chose que la représentation des anciennes tours de l'Hôtel de Ville, comme nous l'avons dit, sont encore en usage et se blasonnent ainsi qu'il suit : d'azur au chef cousu de France, quatre tours surmontées d'un lion d'or pour girouette, au pied une rivière d'argent où flotte un croissant montant de gueules, et pour devise inscrite sur des palmes servant de support :

Lilia sola regunt lunam, undas, castra, leonem.

Cette devise indique l'établissement du gouvernement français à Bordeaux. Elle doit avoir été composée postérieurement à l'occupation de cette ville par les Anglais, d'autant que les mêmes armoiries, sans la devise, se trouvent sur de vieux poids bordelais qui portent la date de 1316. Cependant, il est présumable que ce ne sont pas les plus anciennes armoiries de Bordeaux. Elles n'ont pu être adoptées avant le XIIIe siècle, qui paraît être l'époque de la construction des tours de l'Hôtel de Ville. Nous pensons que la Ville avait pour ses premières armoiries trois croissants entrelacés, et qu'elle en aura conservé un dans les nouvelles, en mémoire des anciennes.

En effet, sur les poids bordelais, dont nous venons de parler, on voit un croissant en dehors de l'eau et sur le côté d'honneur. Les trois croissants entrelacés se trouvent sur plusieurs objets de l'ancien Hôtel de Ville, comme étant des petites armoiries. On peut les considérer comme ce qu'on appelle des *Armes parlantes,* parce que la Garonne devant Bordeaux forme un véritable croissant. Aussi son port est-il désigné sous le nom de *port de la Lune,* dans les auteurs du moyen âge. La *Chronique* dit à ce sujet :

« Les hommes doctes se sont trouvez assez occupez pour la dénomination de nostre port de la lune. Ils ont estimé que l'une des raisons seroit ce que nous voyons lorsqu'on vient à Bordeaux du costé de la mer, que ce port est fait en croissant de lune, monstrant par cette figure toute la faciade de la ville et du port... L'autre raison est, qu'il semble que la conduite et gouvernement des ondes de ce port despend du cours de la lune. »

Constantinople est la ville d'Europe dont le port ressemble le plus à celui de Bordeaux. Le port de la capitale de la Turquie s'étend en forme de croissant sur le Bosphore. La ville même porte un croissant pour armes. Méhémet-Effendi, ambassadeur de la Porte ottomane en France, qui a écrit des *Mémoires,* passant à Bordeaux en février 1721, ne pouvait se lasser d'admirer la grande ressemblance qu'offrait le port de cette ville avec celui de Constantinople. Pour mieux en contempler la situation, il voulut un jour dîner en plein air sur les remparts du Château-Trompette, quoique ce fût en hiver.

Montesquieu, dans ses voyages, s'avança jusqu'à Belgrade en Serbie. Il se proposait d'aller visiter Constantinople ; mais le bruit d'une guerre imminente entre l'empire ottoman et l'empire d'Allemagne le fit renoncer à ce projet. Il regretta toujours de ne l'avoir pas exécuté.

« Je suis fier de mon vieux port de la lune, disait-il à ses amis, depuis que Méhémet-Effendi l'a comparé à celui de Constantinople, et je regrette que la peur m'ait empêché d'aller admirer le sosie de Bordeaux. »

C'est à l'entrée de la Grosse-Cloche, sur le magnifique cours Victor-Hugo, si curieux à parcourir, si plein de souvenirs de jadis, que se trouvent les grands magasins de nouveautés A LA DAME BLANCHE, dont la fondation remonte à l'an 1800. En 1848, M. François Garraud devenait propriétaire de la DAME BLANCHE et allait commencer la série des transformations qui, en 1877, sous la direction de MM. Verrout frères, prirent de telles proportions que la Maison fut immédiatement classée et considérée comme une des plus importantes de la région.

Les directeurs-propriétaires actuels, MM. Verrout et Duverger frères, ont suivi les traces de leurs prédécesseurs. A ces magasins déjà si spacieux, ils en ont adjoint d'autres où le luxe et le confortable sont en harmonie avec les goûts actuels. Leurs vastes aménagements se passeront de tout commentaire élogieux, lorsque nous aurons dit que la superficie des magasins n'est pas de moins de 2,400 mètres carrés et que l'immeuble perce sur trois rues : cours Victor-Hugo, 109, 111 et 113; rue de Guienne, 6, et place du Grand-Marché, 11 et 12.

Dans ces halls, où la lumière arrive à flots, se pressent de nombreux acheteurs vraiment soucieux de leurs intérêts, car la Maison ayant toujours eu pour devise : « *Loyauté absolue. Bon marché réel,* » offre à sa clientèle à des prix extraordinaires de bon marché des tissus de premier choix et de qualité supérieure. Cette garantie est considérée par ces temps de réclame à outrance où la qualité est souvent sacrifiée à l'aspect. Aussi n'y a-t-il pas lieu d'être surpris de la marche ascendante de cette Maison de premier ordre, dont nous sommes heureux de pouvoir donner ci-contre une vue bien réduite de deux galeries. Nos lecteurs ont déjà vu sur la couverture de cet ouvrage la façade de la DAME BLANCHE, sur le cours Victor-Hugo.

Cours du Chapeau-Rouge. — Les fossés (le cours) du Chapeau-Rouge, qui formaient le prolongement de ceux de l'Intendance, ont pris leur nom d'une hôtellerie fameuse dès le XVIe siècle, qui portait pour enseigne un chapeau de

cardinal. La dénomination de beaucoup de rues de Bordeaux tire son origine d'anciens cabarets ou anciennes auberges qui furent jadis aussi fréquentés que les plus brillants cafés de nos jours.

L'hôtellerie du Chapeau-Rouge était tenue en 1582 par Jean Peyre, et il s'y réunissait une société dont les statuts étaient particuliers. Il y avait autrefois dans les hôtelleries renommées de France un tronc destiné à recevoir les aumônes que ceux qui venaient y loger faisaient aux pauvres. Un pareil tronc était établi à l'hôtel du Chapeau-Rouge. Ses habitués, qui formaient une Société appelée *l'Abbaye des Marchands*, en distribuaient l'argent partie aux marins naufragés, partie aux voyageurs qui avaient été détroussés par des voleurs, et partie à l'hôpital de Bordeaux. Un des membres de cette Société la présidait sous le titre d'*Abbé des Marchands*. Les autres l'assistaient en qualité de conseillers, de procureur fiscal, de greffier et d'huissiers.

Lorsqu'on démolit les maisons sur ce côté pour former l'esplanade du Château-Trompette, Gabriel Besse, qui tint le dernier l'hôtel du Chapeau-Rouge, le quitta le 30 juin 1676. La maison qu'il occupait fut immédiatement démolie, ainsi que les autres qui se trouvaient sur la même ligne.

Les fossés du Chapeau-Rouge, formant à cette époque la rue la plus large de Bordeaux, furent choisis pour y donner deux fêtes publiques. Le 3 février 1601, le maréchal d'Ornano, commandant la province, courut la bague avec le comte de Gramont sur ces fossés, qu'il avait fait dépaver à cet effet. Cette rue fut aussi le théâtre d'un magnifique carrousel que le duc d'Épernon donna à Bordeaux dans le carnaval de 1627. La description de ce carrousel remplit un volume in-8º, que le secrétaire de ce seigneur a publié, et dans lequel il n'épargne pas les louanges à son patron, dont il place le tournoi au-dessus des jeux olympiques, bien entendu !

Cours de l'Intendance. — I. Le nom de *Fossés*, que portaient les rues de l'Intendance et du Chapeau-Rouge, vient

de ce que ces rues étaient formées sur le terrain où furent autrefois creusés les fossés de ville bordant la première enceinte, qui subit un accroissement du même côté; ces fossés furent comblés, et l'on y forma une longue rue dont la partie supérieure prit le nom de *Campaure,* et l'inférieure celui de *Tropeyte*.

Le première dénomination était celle du quartier actuellement compris dans le triangle qui aboutit aux places Gambetta (Dauphine), de Tourny et de la Comédie. Ce quartier s'appelait Campaure *(Campus aureus),* parce qu'il était consacré à la sépulture des principaux habitants de Bordeaux pendant que cette ville resta sous la domination romaine, et qu'en fouillant ensuite les terres de cet endroit on y a découvert des objets précieux enfermés dans des tombeaux antiques. On inhumait alors les prolétaires dans le quartier de Terre-Nègre.

II. Le nom de *Fossés de l'Intendance* fut substitué à l'ancien en 1707, époque où l'intendant eut son hôtel dans cette rue. A son extrémité occidentale étaient, d'un côté, le couvent des Récollets, sur l'emplacement duquel on a formé le marché des Grands-Hommes, et, de l'autre, le couvent des Grandes-Carmélites. On lit à ce propos dans la *Chronique :*

« Au mois de septembre 1614 fut faite procession générale par M. le cardinal de Sourdis, pour conduire dévotement les religieuses carmélites se remuant de la maison où elles estoient près la porte Saint-Germain, en leur couvent basti de nouveau vis-à-vis des Récollets par les libéralités des personnes d'honneur. »

Ces personnes étaient le président de Gourgue et son épouse, qui venaient de faire construire ce couvent, dans l'église duquel leur mausolée a subsisté jusqu'à la Révolution.

III. L'hôtel de l'Intendance, que l'on conserva comme propriété particulière dans la rue du Jardin, fut bâti, en 1755, sur les fondements de l'ancien château de Puy-Paulin;

par les soins de l'intendant Tourny. Près de cet hôtel était une vaste salle dans laquelle on a donné des « Concerts spirituels » jusqu'à la construction du Grand-Théâtre. On n'exécutait que des morceaux de musique religieuse dans ces concerts, et ils avaient lieu aux jours de fête, pendant lesquels les spectacles étaient fermés. Cette salle a aussi servi à des réunions littéraires, politiques et dramatiques. Le « Musée » y tint ses assemblées de 1782 à 1791. Le « Club national » y motionnait, lorsqu'il fut dissous par les Représentants en mission à Bordeaux le 1er février 1795. Une Société littéraire et philharmonique, sous le nom de « Lycée », y subsista jusqu'en 1797. On y vit enfin un petit théâtre de variétés. L'alignement de sa façade était en dehors de celui qu'on a suivi plus tard pour le côté septentrional des fossés de l'Intendance et du Chapeau-Rouge. On regrette, pour l'embellissement de ces deux rues, et par rapport au beau point de vue qui les termine au levant, qu'on n'ait pas compris que la façade de la salle des Concerts était un jalon que Tourny avait placé pour régulariser un jour leur alignement. Là devait appuyer la ligne partant de la place Dauphine et aboutissant au pavillon de la Bourse, afin de faire disparaître la saillie désagréable qu'offre ce pavillon, qui masque le bout du cours du Chapeau-Rouge.

Allées de Tourny. — I. C'est le seul des travaux d'embellissement dus au célèbre intendant Tourny que l'on ait détruit, sans aucun prétexte d'utilité publique. Depuis le donjon qui formait la porte Saint-Germain jusqu'au bâtiment gothique appelé la porte du Chapeau-Rouge, s'étendait un large chemin bordé d'un côté par l'esplanade du Château-Trompette, et de l'autre par le mur du jardin des Dominicains, par quelques échoppes jusqu'à la rue Mautrec, et par les maisons dont se composait le seul côté qui subsistait de la rue du Chapeau-Rouge. Tourny conçut le projet de couvrir ce terrain par une belle promenade qui manquait alors à Bordeaux ; car il n'avait pas encore créé celle du Jardin-Public. L'intendant ayant obtenu, non sans beaucoup de résistance de la part des Dominicains, l'aliénation des emplacements qui bordaient les murs du jardin de leur couvent, donna le plan des maisons qui devaient y former une façade uniforme parallèlement aux allées qu'il fit en même temps planter. Il fut forcé de donner peu d'élévation à ces maisons, parce que le directeur des fortifications s'opposait même à la formation des allées projetées, prétendant qu'elles domineraient les bastions du Château-Trompette. Le ministre de la guerre, auquel cette discussion fut soumise, approuva cependant ces allées et la construction des maisons qui les borderaient, à condition que ces maisons seraient bornées dans leur hauteur, de manière à ne pas masquer la vue du fort sur la ville et les campagnes environnantes.

II. Lors de la formation des allées qui portent son nom, Tourny prescrivit une façade uniforme pour les maisons qui les bordaient. Il a persisté dans ce système pour tous les alignements qui ont été suivis pendant sa mémorable administration. On doit regretter qu'un pareil système n'ait pas été continué lorsqu'on construisit les maisons élevées sur le côté nord de ces allées.

Elles s'étendaient originairement jusqu'à la claire-voie en fer qui se prolongeait sur le côté du port, entre la porte du Chapeau-Rouge et le bastion méridional du Château-Trompette. En 1773, on diminua de moitié la longueur de ces allées pour bâtir le Grand-Théâtre et les maisons qui sont à la suite de ce magnifique édifice ; sa construction a dédommagé d'un sacrifice devenu nécessaire.

La suppression totale des allées de Tourny s'est exécutée en 1831. On en abattit d'abord les arbres, sous prétexte qu'ils avaient besoin d'être renouvelés ; puis on annonça que dans l'année suivante on rétablirait cette promenade, pour le renouvellement de laquelle on sollicitait les avis des gens de l'art. Et cette promesse est restée sans exécution.

La place de la Comédie, qui fait suite aux allées de Tourny, a été formée en 1773, lorsqu'on commença le Grand-Théâtre. Pour aider à la construction, le roi donna 9,660 mètres de terrain de la bordure méridionale de l'esplanade du Château-Trompette à la Ville, et l'autorisa à vendre la partie de ce terrain qui ne serait pas occupée par le théâtre, à la construction duquel fut affecté le produit de ces ventes. Leur prix s'éleva à 839,233 fr. La salle a coûté, y compris douze décorations pour le théâtre, la somme de 2 millions 436,523 fr.

Le Grand-Théâtre a été inauguré le 8 avril 1780, et l'on y joua pendant trois jours consécutifs la tragédie *Athalie*, avec un divertissement allégorique, *le Jugement d'Apollon*, dont les paroles étaient du souffleur de la Comédie, et la musique de M. Beck.

Cours de Tourny. — La quatrième section des grands boulevards dont la ville de Bordeaux se trouva environnée par les soins de l'intendant de Tourny porte le nom de cet administrateur. Le terrain sur lequel s'étend ce cours n'était auparavant qu'un grand chemin peu fréquenté. Quelques vieilles échoppes et divers jardins le bordaient du côté du couchant. Sur toute l'autre ligne s'élevaient les anciens murs de la Ville, qui étaient défendus par cinq grosses tours, dont la dernière, qu'on appelait la *Tour de l'Ermite*, n'a été démolie qu'au commencement de ce siècle. Aux pieds de ces fortifications, bâties lors du second accroissement de l'enceinte de Bordeaux, était creusé un large et profond fossé, ce qui augmentait l'insalubrité et le peu de sûreté de ce quartier. Il doit son développement à la formation du cours de Tourny.

En 1780, le sieur Belleville transporta sur ce cours le spectacle qu'il tenait auparavant dans la salle dont nous avons parlé et qu'il avait fait construire dans le faubourg de Sainte-Eulalie. Ce spectacle, dit l'Ambigu-Comique, a subsisté une dizaine d'années dans son nouveau local.

Sur le cours de Tourny se voyait récemment le magasin provisoire annexe de MM. LÉVEILLEY FRÈRES. Aujourd'hui, c'est dans la rue du Palais-Gallien, non loin des ruines, aux numéros 64, 66, 67, 68, que sont groupés tous les entrepôts de meubles de MM. Léveilley frères.

Dans les halls de cette Maison, connue aujourd'hui dans la France entière, qui, fondée en 1860, n'a cessé de croître et de grandir et qui possède deux succursales, à Agen et à Alger, se trouvent réunis tous les objets que l'on peut désirer en ce qui concerne le meuble et ses accessoires. Les bourses les plus riches comme aussi les plus modestes sont sûres d'y rencontrer toutes satisfactions : ameublements complets, literie, sièges, tentures, glaces, garnitures de cheminées et de foyers, lustres, suspensions pour salles à manger, la maison Léveilley frères donne tout de qualité supérieure et aux prix les plus réduits.

Sur ce même cours, au n° 11, dans l'important magasin de literie et tapis ÉLIE BERNAT, notre attention a été attirée par des voûtes faites de « ciment aggloméré et à dilatation libre » du plus gracieux effet.

L'application que l'on fait actuellement du ciment est merveilleuse; grâce à l'ossature en fer employée, qui ne s'oxyde pas et qui relie la matière durcie, on arrive à un résultat inconnu jusqu'ici au point de vue de la grande solidité et de l'extrême légèreté. La construction des ponts rustiques de notre Jardin-Public et du Parc-Bordelais, de l'aquarium que l'on a tant remarqué à l'Exposition, donne une idée de la décoration que l'on peut obtenir pour parcs et jardins avec les Ciments rocailles et rustiques.

Le ciment est entré dans cette voie d'utilisation générale sur l'initiative de grands entrepreneurs de travaux publics, MM. BEL et VAISSE, dont les importants ateliers sont situés route de Saint-Médard, 31, à Caudéran-Bordeaux. Ces messieurs ont effectué, en qualité d'entrepreneurs, sur bien des points de la France, d'importants travaux, et nous citerons pour mémoire ceux d'Agen et de Salies-de-Béarn, que beaucoup de Bordelais ont pu admirer. A noter aussi d'une façon toute spéciale l'application par eux de la brique et du carreau en liège aggloméré, excellents isolateurs du son et de la chaleur, ainsi que du remarquable enduit céramique qui donne aux murs la dureté et la propreté du marbre.

Aussi, que de récompenses décernées à cette Maison! A notre Exposition de l'an dernier, elle a obtenu, après s'être vu attribuer précédemment beaucoup de médailles d'or et de vermeil, un diplôme d'honneur, pour les travaux de rocailles et rustiques, et une médaille d'argent pour les travaux d'architecture. C'est la légitime récompense d'efforts couronnés de succès, et qui sont suffisants pour recommander cette Maison de premier ordre à l'attention de tous les gens au goût sûr et affiné.

Place de Tourny. — Sur l'ancienne place Saint-Germain, Tourny fit ouvrir la place qui subsiste actuellement. Il fut forcé d'en faire construire les maisons extrêmement basses, parce que — nous l'avons dit — le ministre de la guerre s'opposa à ce qu'on leur donnât plus d'élévation, afin qu'elles n'empêchassent point l'action des batteries du Château-Trompette du côté de la campagne. L'ancienne porte Saint-Germain s'ouvrait au milieu de quatre tours crénelées, couronnées d'une plateforme avec des guérites. Tourny remplaça ce gothique et inutile bastion par une belle porte à claire-voie en fer, ayant de chaque côté un guichet pour les piétons. Il conserva à la place et à la porte Saint-Germain leur ancienne dénomination. Mais la reconnaissance publique donna à cette place le nom de Tourny, du vivant même de l'illustre intendant.

Quand donc verrons-nous s'élever, au centre de Bordeaux, une statue de Tourny — digne de lui, digne de nous?

LISTE

DES

PREMIERS ET PRINCIPAUX SOUSCRIPTEURS

M. Maurice BERNIQUET, préfet du département de la Gironde.
M. Alfred DANEY, maire de la ville de Bordeaux.
MM. les Sénateurs de la Gironde.
MM. les Députés de la Gironde.
La Chambre de commerce de Bordeaux.
Le Conseil municipal de Bordeaux.
La Ligue de l'Enseignement.
La Société Philomathique.
L'Association des Lauréats des Cours de la Société Philomathique de Bordeaux.
L'Association des Étudiants.
Les Cercles de Bordeaux.
Les Sociétés de gymnastique.
La Société de sauvetage du Sud-Ouest.
Les Sociétés de patronage scolaire.
Les Sociétés d'anciens militaires.

MM.
Abadie aîné (J.).
Astruc (Gaston).
Armant (Aug.).
Amourous (Ch.).
Amilhac (L.).
Astruc (Georges).
Abribat (F.).
Anglas.
Aymar (Marcel).
Augé.
Allard (André).

MM.
Abbadie (B.).
Aymar (Albert).
Ardura (A.).
Auzeau (Gabriel).
Avison (Paul).
Anderson.
Andrieu (Albert).
Arnouil (Auguste).
Aiguesparsses (F.-H.).
Angelot.
Aubert (C.).

MM.
Airolles.
Aradel (A.).

Bourlange.
Baudoux (Georges).
Bugat (Albert).
Bazas (C.).
Bernadou (Alfred).
Boudey (Oswald).
Boyer (A.).
Belluye (G.).

MM.
Bardet (M.).
Bax (A.).
Billaudel.
Betbeder.
Boyer (P.).
Bordes (Victor).
Bouquerel (W.).
Brugeilles (J.-P.).
Baudou (E.-F.).
Bénazet (A.).
Bruyère (Dr P.).
Barraud.
Bouzom (J.).
Burlot (A.).
Barreyre (J.).
Boxo (Antonio).
Blandinière (Albert).
Brezetz (baron de).
Banquey (L.).
Brassens.
Bègue.
Bonetti (comt.).
Bossoutrot.
Bayssellance.
Bureau (Albert).
Bidault-Roussel.
Belluye (J.).
Bouchard (R.).
Blanc.
Blachère (Maurice).
Borsse (E.).
Balauze (F.).
Barrière (Émile-F.).
Barriel (Mlle).
Boucanus.
Blandinière (A.).
Broine.
Bouvet (E.).
Bonzom.
Bagnères et Co.

MM.
Bazignan.
Bresque (A.).
Boussenot (G.-V.).
Bardié (A.).
Bellocq (Maurice).
Bert (P.).
Bonnard (Camille).
Bounaud (Henri).
Boussière (Paulin).
Blanchelin (Abel).
Bouchard (Jean-Urbain).
Boëfard (Émile).
Berger (Casimir).
Biard.
Burnel (Ed.).

Chassériaux (Mme S.).
Croizet (J.-P.).
Chalus (Géo).
Coustalat (Marcelin).
Carbois (Léopold).
Courrège et fils (J.-J.).
Corso (E.).
Ciroux (L.).
Courty.
Canizieux (Gaston).
Carrère (Georges).
Chazarain (C.).
Chassaing (Léon).
Chauvel (P.).
Caussat (Éd.).
Chabaut (Lucien).
Cahouet.
Coutolle.
Cécile (Auguste).
Cousteau.
Cassezon aîné.
Clavier (M.).
Charzat (Camille).
Chaudeborde (Dr).

MM.
Cousteau (Sully).
Cloupet (F.).
Callen (J.).
Cambes (J.).
Cuzacq.
Camy (J.).
Carrayrou (A.).
Corbinaud.
Chastouet.
Cuq (Achille).
Creuzan.
Covimbes.
Chrétien (P.).
Champion (G.).
Chadourne (P.-F.).
Cassan.
Cirac (Antoine).
Cahen (Ernest).
Couturier (E.).
Concaret.
Carmouze (B.).
Constant (Ch.).
Crous.
Calland (J.-M.).
Cazenave (Jean).
Couhaillac (J.).
Clément.
Chèze (Albert).
Chaumel (Georges).
Cardez (comte F.).
Chaigneau (J.).
Cabrillat (L.).

Duthu.
Dulac (F.).
David (Gaston).
Descoups (Paul).
Devaulx (Léon).
Dufout (Gustave).
Desbats (A.-Gabriel).

LISTE DES SOUSCRIPTEURS.

MM.
Dubourdieu (H.-J.).
Drouineau (M.).
Delvaille (Georges).
Duvergier (J.-G.).
David (L.).
Dupart (G.).
Durand (Joseph).
Deloubès (Albert).
Dagorrette.
Daudy.
Dulignon-Desgranges.
Delfieu.
Daganet.
Delayé (Dr).
Dacosta (L.).
Duprat (F.).
Dupuch (C.).
Demay de Certant.
Ducos (Ch.).
Damour (A.).
Darriulat (Alexandre).
Dutemple (Mme).
Dupin (Léonce).
Dewachter (Maurice).
Darriet.
Dubourg (Bernardin).
Depas (Edmond).
Duffart (Charles).
Danielli.
Durand (Emmanuel).
Duclos (A.).
Diron (Charles).
Delpech (L.).
Dutour (M.-F.).
Depétasse.
Denigès (Georges).
Dubos.
Ducor (C.).
Delord (A.).
Dubourg (A.).

MM.
Delbarre.
Darriet.
Duplessis-Fourcand.
Delattre.
Dupin (D.).
Dubois (Gabriel).
Delol (R.).
Delord (G.).
Dupont (Ad.).
Ducos (Léon).
Delage (H.).
Ducor (F.).
Dubroca (Ch.).
Duvigneau (J.-M.).
Daix (Victor).
Duporté (L.).
Darbon.

Espret (Charles).
Ellie (Octave).
Eyraud (A.).
Estrabon.
Espagne (André).

Feret et Fils.
Ferré (Édouard).
Fargues (Jean).
Frenel (S.).
Forsans (M.).
Faget.
Faufingue (Blaise).
Fromentin (L.).
Fayolle (A. de).
Fieux (Paul).
Francony (G.).
Fontan.
Fergas (P.).
Fosse (Ch.).
Fontaine (La).
Fourestey (E.).

MM.
Fraikin (François).
Fourestier.
Felice (E. de).
Fraenkel (W.).
Foy (D.).

Guiraut (G.).
Grange (A.).
Gamby (Mme M.-J.).
Guillemot (G.).
Gourgues (Maurice).
Grosmann.
Gradis (Henri).
Grasseau (J.-R.).
Guestier (Gaston).
Guillon (C.).
Guiraud (Pierre).
Gaussens (François).
Gagnebin fils (Lucien).
Gailhac (P.-J.).
Gabarroche (J.-F.).
Guérineau (V.).
Guignan (Albert).
Goudin (Mme).
Goireau.
Gérard.
Grellet-Dumazeau.
Govin (Emmanuel).

Hazera (A.-F.).
Héliot (P.).
Hamou (Henri).
Hardon (L.).
Huges (David).
Hairon.
Hairon (E.).
Haring (Ch.).
Houdeyer.
Hencke (Louis).
Hamm (G.).

MM.
Jean (Dominique).
Jacmart (G.).
Jaureguiberry (M.).
Jouandet.
Jannaut.
Jullian (Camille).
Jonaudot.

Klipsch.

Lasseverie fils.
Longueville (L.).
Lataste (Lodoïs).
Lurbe.
Laffarge (Mme N.).
Lagrolet (Louis).
Le-Doaré.
Laversanne (Henri).
Laparra (Émile).
Laborde (Louis).
Lalanne (Émile).
Lestonnat (L.-J.).
Lagler-Parquet (J.).
Lacaze (Mme).
Lacou (J.).
Latouche (de).
Lardy (Louis).
Laguisquet (Ernest).
Lacaze (Mme Jeanne).
Lubet.
Labordère (Dr L.).
Lafite-Dupont (L.).
Laborde-Lacoste.
Lacaze Théodore.
Lagoanère (Dr J. de).
Lacombe.
Lamy (J.).
Lacoste (P.).
Lambert (R.).
Lacombe.

MM.
Lair (Honoré).
Laitang (G.).
Lacassagne (J.).
Lescolle (Henri).
Lartigue.
Léon (Anselme).
Levesque (Henri).
Lamole (Ernest).
Labonne (X.).
Laverni (Henri).
Lafon (J.).
Labat (Lucien).
Leymarie.
Laulon.
Labat (Gustave).
Lamothe (de).
Lecaudey (A.).
Lobel (A. de).
Lévêque (Louis).
Lanusse (E.).
Lavialle (E.).
Leclerc.
Lambertie.
Letard.
Lacassagne (J.).
Longuefosse et fils.
Lagardère.
Lefebvre.

Miton (J.).
Minier (H^{te}).
Mouliney (Gérard).
Montel (A.).
Mulle.
Murac (Alexandre).
Marteau (Louis).
Méry (Eugène).
Mégret (de).
Moulignié (Georges).
Montel (A.).

MM.
Michel.
Monteilh.
Malzac.
Mons (A.).
Martin (Georges).
Morache (D^r).
Mensignac (C. de).
Meynieu.
Marly (Henri).
Magné (Henri).
Monpillié.
Maria (François).
Maynaud (G.).
Mouliney (Julien).
Mollo (Mme veuve).
Mat (H.).
Magnient.
Marchand (Émile).
Mornier (M.).
Monge (G.).
Malahar (F.).
Molina (J.).
Métivier (Marcel).
Maille (A.).
Maillet (F.).
Magot fils.

Naudin (G.).
Nairac (G.).
Noguès (Edmond).
Nadal (Amédée).
Nercam fils (L.-M.).
Noguey.

Orlille.
Ondoul.
Olanet (V.).

Plazanet.
Paular (Jules).

LISTE DES SOUSCRIPTEURS.

MM.
Pontel (Paul).
Perpère (M.).
Proteau (Paul).
Pontet (Amédée).
Propin (Ch.).
Panajou frères.
Paris.
Prévost (Maurice).
Pineau (Mme).
Plassan (W.).
Pelleport (vicomte de).
Privat (Ed.).
Prat (M.).
Poirier.
Perrens (H.).
Peychez (J.).
Prié.
Picard (Ferdinand).
Poupin.
Poujeaux (P.).
Petit (J.).
Porcheret (Mme).
Papon (Léon).
Pallière (Numa).
Petit (E.).
Poissonié (Louis).
Pinogès.
Porte (A.).
Ponsolle.
Pineau (A.).
Petit.
Prioleau (E.).
Petit (Édouard).

Quérouil (Louis).

Robin.
Rigouleau (J.).
Renée (Mme).
Raboulleau (E.).

MM.
Rabouin (L.).
Richet.
Ravizé.
Réal (Étienne).
Rolie (Augustin).
Rollin.
Rousseau (Alfred).
Rateau.
Renny (Z.).
Rödel (Albert).
Rochelor.
Rivat-Delay.
Raymond (Mlle L.).
Roganeau (Mme).
Renny (Jean).
Rustang (L.).
Roy (G.).
Roujol (A.).
Riberot (de).
Rouch (H.).
Reinicki (H.).
Routurier (J.).
Rousseau (A.).
Rouleau (J.-L.).
Rebuf fils.
Rateau (E.).
Ribet (Maurice).
Rouffier (Philippe).
Reinhard (A.).
Romeford (J.).

Sagardoy (L.-A.).
Sarrau (c^{te} H. de).
Siadous (G.).
Salomon de St-Sernin (de).
Sicre (Auguste).
Servan père.
Sazy (C.).
Soubeyrol (J.).
Sirey (Mme J.).

MM.
Saint-Supéry (F.).
Sigalas (Alfred).
Sarrat (R.).
Saulière-Lagache.
Sestrac (E.).
Séré (Georges).
Salvat.
Sigolo et fils (G.).
Sarrau (v^{te} A. de).
Serre-Dupuch.
Sauvage (Art.).
Souffron (A.-L.).
Salles.
Salles (Ferdinand).
Seilhean (G.).

Trouillet (J.-L.).
Toulouze (Eugène).
Tallon (Paul).
Téodore.
Taf.
Trémoullières.
Treillard (E.).
Truillé (J.).
Tramasset (G^{ve}).
Tourneux.
Tourneur (Alfred).
Thomas fils.
Thébeaux (J.).

Volny-Mayaudon.
Vielleuze (E. de la).
Vaissier aîné (R.).
Vernet (L.).
Vandercruyce (René).
Verrier.
Villate (Jean).
Vidalanche (C.).
Verrout et Duverger.
(Achille).

TABLE DES MATIÈRES

	Pages.
Préface *(Armand Silvestre)*	VII
Aux Lecteurs	XIII

PREMIÈRE PARTIE
QUELQUES PAGES D'HISTOIRE LOCALE

Histoire politique, économique et archéologique ...... 1 à 28

DEUXIÈME PARTIE
COUTUMES, USAGES, TRADITIONS

Les Fêtes au bon vieux temps	29
Le Théâtre primitif	39
Divertissements populaires	53
Les Fêtes roulantes	60
Les Spectacles en plein vent	66

TROISIÈME PARTIE
A TRAVERS BORDEAUX

Les Enceintes primitives de Bordeaux	79
Études sur les rues et places (voir au verso la liste alphabétique)	83

TABLE DES MATIÈRES.

Albret (cours d')	89
Albret (rue d')	90
Alsace (cours)	176
Arès (rue d')	174
Arès (chemin d')	174
Arnaud-Miqueu (rue)	134
Arsenal (rue de l')	110
Ausone (rue)	105
Aviau (rue d')	102
Bacalan (le faubourg de)	127
Bacalan (quai de)	103
Balguerie (cours)	111
Barbot (impasse)	83
Bardineau (place)	140
Barennes (rue)	97
Baste (rue)	101
Bel (rue Jean-Jacques)	103
Belleville (rue)	83
Bense (rue)	92
Bergeret (rue)	108
Berquin (rue)	109
Billaudel (rue)	90
Blanc-Dutrouilh (rue)	92
Blanchard-Latour (rue)	100
Bosc (rue Jean-Jacques)	100
Boudet (rue)	93
Bourgogne (quai de)	95
Bourse (quai de la)	91
Bouthier (rue)	162
Brach (rue de)	86
Cabirol (rue)	161
Candale (rue de)	164
Canilhac (rue)	138
Cap de Ville (rue)	156
Castéja (rue)	161
Castelnau-d'Auros (rue)	127
Castillon (rue)	130
Chapeau-Rouge (cours du)	186
Chapelet (place du)	115
Chartrons le faubourg des)	172
Château-Trompette (rue du)	122
Chênes-Lièges (rue des)	175
Cheverus (rue de)	126
Combes (rue)	165
Conilh (impasse)	137
Croix-de-Seguey (rue de la)	142
Cursol (rue de)	130
Damour (allées)	154
Darnal (rue)	131
David-Johnston (rue)	108
Delord (rue)	159
Desbiey (rue)	166
Deschamps (quai)	158
Desfourniel (rue)	166
Devèze-Belleville (rue de la)	168
Douane (quai de la)	89
Dudon (rue)	131
Dufau (rue)	157
Duffour-Dubergier (rue)	165
Dupaty (rue)	163
Duplessis (rue)	141
Dupré-de-Saint-Maur (rue)	160
Duranteau (rue)	138
Emile-Fourcand (rue)	157
Esprit-des-Lois (rue)	114
Fégère (place)	96
Ferrère (rue)	162
Fondaudège (rue)	141
Fondaudège (place)	142
Fonfrède (rue)	160
Furtado (rue)	158
Grave (quai de la)	94
Grosse-Cloche	181
Huguerie (rue)	151
Intendance (cours de l')	189
Jardin-des-Plantes (rue du)	109

TABLE DES MATIÈRES.

Jardin-Public (cours du)...	138	Quinconces (place des).....	117
Judaïque (rue)	151		
		Retaillons (rue des).......	84
Laclotte (rue).............	142	Richelieu (place)..........	114
Lafaurie-de-Monbadon (rue)	167	Rousselle (rue de la) et rues	
Lagrange (rue).............	94	avoisinantes.............	123
Laroche (rue)..............	110		
Leupold (rue)..............	132	Sainte-Catherine (rue).....	168
Louis-XVIII (quai).........	88	Saint-Clair (rue)..........	159
		Sainte-Eugénie (rue).......	85
Manège (rue du)............	155	Saint-Fort (rue)...........	150
Marché-des-Chartrons (place du)	104	Saint-Louis (cours)........	111
Marché des Grands-Hommes		Saint-Projet (place).......	134
(place du)................	84	Saint-Seurin (quartier)....	142
Maucoudinat (rue).........	132	Saint-Siméon (rue)........	133
Mautrec (rue).............	117	Salinières (quai des)......	85
Merci (rue de la)..........	133	Sanche-de-Pomiers (rue)...	91
Notre-Dame (rue)..........	107	Terre-Nègre (rue).........	156
		Thiac (rue)	150
Palais-Gallien (rue du).....	147	Tourny (allées de).........	191
Paludate (quai de).........	95	Tourny (cours de)	193
Pavé-des-Chartrons (cours du)	95	Tourny (place de)	194
Pey-Berland (place)........	98	Trente-Juillet (cours du)...	122
Piliers-de-Tutelle (rue des).	121	Trésorerie (rue de la)......	156
Pomme-d'Or (rue).........	107	Trois-Chandeliers (rue des).	133
Porte-Dijeaux (rue)........	101	Trois-Conils (rue des)......	136
Poyenne (rue).............	94		
Pradeau (place du)........	155	Victor-Hugo (cours).......	181
Prévôté (rue de la)...	156		
Puy-Paulin (place).........	92		

LISTE DES PREMIERS ET PRINCIPAUX SOUSCRIPTEURS 197

Bordeaux. — Imp. G. GOUNOUILHOU, rue Guiraude, 11.

Chemins de Fer du Midi

TARIFS DE VOYAGEURS A PRIX RÉDUITS

(Ces divers renseignements sont donnés sous réserve des modifications qui pourront survenir pendant l'année 1896.)

BILLETS D'ALLER ET RETOUR

BILLETS D'ALLER ET RETOUR de 1re, 2e et 3e classe, *à prix réduits, délivrés tous les jours de* **Bordeaux** *à toutes les stations du réseau du Midi ainsi qu'au départ d'un grand nombre de stations du même réseau pour diverses destinations et réciproquement.*

(Voir pour les conditions le Tarif spécial G. V. n° 2.)

BILLETS D'ALLER ET RETOUR, *à prix réduits, de toutes les stations du réseau du Midi à* **Paris** *et réciproquement, par la voie des lignes de la Compagnie d'Orléans ou de celles de la Compagnie de Paris-Lyon-Méditerranée, selon le point de départ ou de destination du voyageur.*

(Voir pour les conditions le Tarif spécial commun G. V. n° 102, chap. Ier, § 4.)

BAINS DE MER. — STATIONS THERMALES ET HIVERNALES
Tarif spécial G. V. N° 6

CHAPITRE Ier. — BILLETS D'ALLER ET RETOUR
valables pendant VINGT-CINQ JOURS, non compris les jours de départ et d'arrivée.

Des billets d'aller et retour de toutes classes, avec réduction de 25 p. 100 en 1re classe et de 20 p. 100 en 2e et 3e classe, sur les prix calculés au Tarif général, d'après l'itinéraire effectivement suivi, sont délivrés, toute l'année, de toutes les stations du réseau pour **Agde** *(Le Grau)* [1], **Alet, Arcachon, Argelès-Gazost, Argelès-sur-Mer** [1], **Ax-les-Thermes, Bagnères-de-Bigorre, Bagnères-de-Luchon, Balaruc-les-Bains, Banyuls-sur-Mer, Biarritz, Boulou-Perthus (Le), Cambo-Ville, Capvern, Céret** *(Amélie-les-Bains, La Preste, etc.)*, **Collioure** [1], **Couiza-Montazels, Dax, Espéraza** *(Campagne-les-Bains)*, **Grenade-sur-l'Adour** *(Eugénie-les-Bains)*, **Guéthary** (halte), **Hendaye, Labenne** *(Cap-Breton)*, **Laluque** *(Préchacq-les-Bains)*, **Lamalou-les-Bains, Lannemezan** *(Cadéac, Vieille-Aure)*, **Laruns-**

[1] Les billets pour cette station ne seront délivrés qu'à partir d'une date qui sera ultérieurement portée à la connaissance du public.

Eaux-Bonnes *(Eaux-Chaudes)*, Leucate *(La Franqui)* (¹), **Lourdes**, **Loures-Barbazan**, **Nouvelle (La)** (¹), **Oloron-Sainte-Marie** *(Saint-Christau)*, **Pierrefitte-Nestalas** *(Barèges, Cauterets, Luz, Saint-Sauveur)*, **Pau**, **Port-Vendres** (¹), **Prades** *(Molitg)*, **Quillan** *(Ginoles, Carcanières, Escouloubre, Usson-les-Bains)*, **Saint-Flour** *(Chaudesaigues)*, **Saint-Gaudens** *(Encausse, Gantiès)*, **Saint-Girons** *(Aulus)*, **Saint-Jean-de-Luz**, **Saléchan** *(Sainte-Marie, Siradan)*, **Salies-de-Béarn**, **Salies-du-Salat**, **Ussat-les-Bains** et **Villefranche-de-Conflent** *(Le Vernet, Thuès, Les Escaldas, Graüs-de-Canaveilhes)*, sous réserve des minima de prix ci-après, correspondant à un parcours, aller et retour, de 100 kilomètres :

8 fr. 40 en 1ʳᵉ classe. — **6 fr. 05** en 2ᵉ classe. — **3 fr. 95** en 3ᵉ classe.

La durée de validité peut, sur la demande du voyageur, être prolongée **une ou deux fois de 10 jours**, moyennant le paiement, pour chacune de ces périodes, d'un supplément égal à 10 p. 100 du prix du billet d'aller et retour.

(Voir pour les conditions particulières le Tarif spécial G. V. n° 6, chapitre 1ᵉʳ.)

CHAPITRE II. — BILLETS D'ALLER ET RETOUR

valables du Vendredi ou Samedi au Lundi, ou du Dimanche au Mardi, à destination des stations thermales et balnéaires.

Des billets d'aller et retour, de toutes classes, sont délivrés :
TOUTE L'ANNÉE, pour **Agde**, **Arcachon**, **Argelès-Gazost**, **Balaruc-les-Bains**, **Banyuls-sur-Mer**, **Biarritz**, **Céret** *(Amélie-les-Bains, La Preste, etc.)*, **Cette**, **Dax**, **Guéthary** (halte), **Hendaye**, **Pau**, **Port-Vendres**, **Saint-Jean-de-Luz** et **Salies-de-Béarn** ;
DU 1ᵉʳ MAI AU 31 OCTOBRE, pour **Alet**, **Argelès-sur-Mer** (¹), **Ax-les-Thermes**, **Bagnères-de-Bigorre**, **Bagnères-de-Luchon**, **Boulou-Perthus (Le)**, **Cambo-Ville**, **Capvern**, **Collioure** (¹), **Couïza-Montazels**, **Espéraza** *(Campagne-les-Bains)*, **Grenade-sur-l'Adour** *(Eugénie-les-Bains)*, **Labenne** *(Cap-Breton)*, **Laluque** *(Préchacq-les-Bains)*, **Lamalou-les-Bains**, **Lannemezan** *(Cadéac, Vieille-Aure)*, **Laruns-Eaux-Bonnes**, **Leucate** *(La Franqui)* (¹), **Loures-Barbazan**, **Montpellier** *(Palavas)*, **Nouvelle (La)**, **Oloron-Sainte-Marie** *(Saint-Christau)*, **Pierrefitte-Nestalas**, **Prades** *(Molitg)*, **Quillan** *(Ginoles, Carcanières, Escouloubre, Usson-les-Bains)*, **Saint-Flour** *(Chaudesaigues)*, **Saint-Gaudens** *(Encausse, Gantiès)*, **Saint-Girons** *(Aulus)*, **Saléchan** *(Sainte-Marie, Siradan)*, **Salies-du-Salat**, **Ussat-les-Bains** et **Villefranche-de-Conflent** *(Le Vernet, Thuès, Les Escaldas, Graüs-de-Canaveilhes)* ;
Les vendredi, samedi et dimanche de chaque semaine, au départ de toute station du réseau située à plus de 50 kilomètres des stations thermales et balnéaires précitées, avec réduction de :

40 % en 1ʳᵉ classe
35 % en 2ᵉ classe } sur les prix du Tarif général.
30 % en 3ᵉ classe

(Voir pour les conditions particulières le Tarif spécial G. V. n° 6, chapitre II.)

CHAPITRE III. — Billets de Famille à destination des stations hivernales et balnéaires des Pyrénées.

Des *Billets de famille*, de 1re, 2e et 3e classe, sont délivrés toute l'année à toutes les stations du réseau, pour Agde (*Le Grau*) (1), Alet, Arcachon, Argelès-Gazost, Argelès-sur-Mer (1), Ax-les-Thermes, Bagnères-de-Bigorre, Bagnères-de-Luchon, Balaruc-les-Bains, Banyuls-sur-Mer, Biarritz, Boulou-Perthus (Le), Cambo-Ville, Capvern, Céret (*Amélie-les-Bains, La Preste, etc.*), Collioure (1), Couiza-Montazels, Dax, Espéraza (*Campagne-les-Bains*), Grenade-sur-l'Adour (*Eugénie-les-Bains*), Guéthary (halte), Hendaye, Labenne (*Cap-Breton*), Laluque (*Préchacq-les-Bains*), Lamalou-les-Bains, Lannemezan (*Cadéac, Vieille-Aure*), Laruns-Eaux-Bonnes (*Eaux-Chaudes*), Leucate (*La Franqui*) (1), Lourdes, Loures-Barbazan, Nouvelle (La) (1), Oloron-Sainte-Marie (*Saint-Christau*), Pierrefitte-Nestalas (*Barèges, Cauterets, Luz, Saint-Sauveur*), Pau, Port-Vendres (1), Prades, (*Molitg*), Quillan (*Ginoles, Carcanières, Escouloubre, Usson-les-Bains*), Saint-Flour (*Chaudesaigues*), Saint-Gaudens (*Encausse, Gantiès*), Saint-Girons (*Aulus*), Saint Jean-de-Luz, Saléchan (*Sainte-Marie, Siradan*), Salies-de-Bearn, Salies-du-Salat, Ussat-les-Bains et Villefranche-de-Conflent (*Le Vernet, Thuès, Les Escaldas, Graüs-de-Canaveilles*).

Avec les réductions suivantes, calculées sur les prix du Tarif général d'après la distance parcourue, sous réserve que cette distance, *aller et retour compris*, sera d'au moins 300 kilomètres :

Pour une famille de	2 personnes	20 %
—	3 —	25 %
—	4 —	30 %
—	5 —	35 %
—	6 —	40 %

Durée de validité : 33 JOURS, non compris les jours de départ et d'arrivée.

(Voir pour les autres conditions le Tarif spécial G. V. n° 6, chap. III.)

VOYAGES D'EXCURSIONS
avec itinéraires tracés d'avance par les voyageurs.

Il est délivré, toute l'année, à toutes les stations des réseaux de l'Est, de l'Etat, du Midi, du Nord, d'Orléans, de l'Ouest et de P.-L-M., des billets d'excursions à prix réduits de 1re, 2e et 3e classe, avec itinéraires tracés d'avance au gré des voyageurs.

La formule de demande, sur laquelle sont indiqués les prix et conditions de ces billets, est tenue à la disposition du public dans toutes les stations des réseaux sus-mentionnés.

Cette demande doit être remise 5 jours à l'avance au chef de la gare de départ.

(Voir Tarif spécial commun G. V. n° 105, chap. II.)

VOYAGE AUX PYRÉNÉES

Billets de 1re et de 2e classe délivrés toute l'année et valables pendant 20 jours, pour les sept premiers parcours, et 25 jours pour le dernier, non compris le jour du départ, avec faculté d'arrêt à toutes les stations du parcours.

Ces périodes de validité peuvent être prolongées deux fois de 10 jours, moyennant le versement à la Compagnie, pour chaque fraction indivisible de 10 jours, d'un supplément de 10 % du prix total du billet circulaire. — Les demandes de prolongation ne peuvent être admises que pour les billets non encore périmés.

Prix des billets pour chaque parcours et désignation de ces parcours :

1er Parcours : 1re classe, 68 fr. [3]; 2e classe, 51 fr. [3].

Bordeaux-Saint-Jean, Agen, Montauban, Toulouse-Matabiau, Montréjeau, Bagnères-de-Luchon, Tarbes, Bagnères-de-Bigorre, Mont-de-Marsan, Arcachon, Bordeaux-Saint-Jean.

2e Parcours : 1re classe, 68 fr. [3]; 2e classe, 51 fr. [3].

Bordeaux-Saint-Jean, Agen, Montauban, Toulouse-Matabiau, Montréjeau, Bagnères-de-Luchon, Tarbes, Bagnères-de-Bigorre, Pierrefitte-Nestalas, Pau, Bayonne, Hendaye, Irun [1], Dax, Arcachon, Bordeaux-Saint-Jean.

3e Parcours : 1re classe, 68 fr. [3]; 2e classe, 51 fr. [3].

Bordeaux-Saint-Jean, Arcachon, Mont-de-Marsan, Tarbes, Bagnères-de-Bigorre, Montréjeau, Bagnères-de-Luchon, Pierrefitte-Nestalas, Pau, Bayonne, Hendaye, Irun [1], Dax, Bordeaux-Saint-Jean.

4e Parcours : 1re classe, 91 fr. [3]; 2e classe, 68 fr. [3].

Bordeaux-Saint-Jean, Agen, Montauban, Toulouse-Matabiau, Castelnaudary, Carcassonne, Narbonne, Béziers, Cette, Toulouse-Matabiau, Montréjeau, Bagnères-de-Luchon, Tarbes, Bagnères-de-Bigorre, Mont-de-Marsan, Arcachon, Bordeaux-Saint-Jean.

5e Parcours : 1re classe, 91 fr. [3]; 2e classe, 68 fr. [3].

Bordeaux-Saint-Jean, Agen, Montauban, Toulouse-Matabiau, Castelnaudary, Carcassonne, Narbonne, Béziers, Cette, Toulouse-Matabiau, Montréjeau, Bagnères-de-Luchon, Tarbes, Bagnères-de-Bigorre, Pierrefitte-Nestalas, Pau, Bayonne, Hendaye, Irun [1], Dax, Arcachon, Bordeaux-Saint-Jean.

6e Parcours : 1re classe, 91 fr. [3]; 2e classe, 68 fr. [3].

Bordeaux-Saint-Jean, Agen, Montauban, Toulouse-Matabiau, Castelnaudary, Carcassonne, Narbonne, Perpignan, Cerbère, Port-Bou [2],

Toulouse-Matabiau, Montréjeau, Bagnères-de-Luchon, Tarbes, Bagnères-de-Bigorre, Mont-de-Marsan, Arcachon, Bordeaux-Saint-Jean.

7ᵉ Parcours : 1ʳᵉ classe, 91 fr. (³) ; 2ᵉ classe, 68 fr. (³).

Bordeaux-Saint-Jean, Agen, Montauban, Toulouse-Matabiau, Castelnaudary, Carcassonne, Narbonne, Perpignan, Cerbère, Port-Bou (²), Toulouse-Matabiau, Montréjeau, Bagnères-de-Luchon, Tarbes, Bagnères-de-Bigorre, Pierrefitte-Nestalas, Pau, Bayonne, Hendaye, Irun (¹), Dax, Arcachon, Bordeaux-Saint-Jean.

8ᵉ Parcours (⁴) : 1ʳᵉ classe, 114 fr. (³) ; 2ᵉ classe, 87 fr. (³).

Marseille, Cette, Béziers, Narbonne, Carcassonne, Castelnaudary, Toulouse-Matabiau, Montauban, Agen, Bordeaux-Saint-Jean, Arcachon, Dax, Bayonne, Pau ou Dax, Mimbaste, Pau, Morcenx, Mont-de-Marsan, Tarbes, Pierrefitte-Nestalas, Bagnères-de-Bigorre, Tarbes, Bagnères-de-Luchon, Montréjeau, Toulouse-Matabiau, Cette, Marseille.

(¹) Dans le sens du nord au sud, le parcours s'étend jusqu'à Irun. Dans le sens inverse, il a Hendaye comme point d'origine.

(²) Dans le sens du nord au sud, le parcours s'étend jusqu'à Port-Bou. Dans le sens inverse, il a Cerbère comme point d'origine.

(³) Les frais d'excursions, en dehors des itinéraires indiqués ci-dessus, restent à la charge des voyageurs.

(⁴) Les billets de ce parcours peuvent être émis par les gares situées entre Vintimille, Grasse, Draguignan, Les Salins-d'Hyères et Toulon inclusivement conjointement avec des billets d'aller et retour pour Marseille. — Réciproquement, les voyageurs porteurs de billets de ce parcours peuvent obtenir à Marseille des billets d'aller et retour pour les dites stations. — Ces billets d'aller et retour ont la même durée de validité que les billets de voyage circulaire et sont susceptibles des mêmes prolongations.

Avis important. — En vue des excursions dans l'Andorre et dans la haute vallée de l'Aude, il est loisible aux voyageurs porteurs des billets du 6ᵉ ou du 7ᵉ parcours de remplacer, à l'aller ou au retour, soit le trajet Toulouse-Matabiau à Perpignan ou *vice versa* par ceux de Toulouse-Matabiau à Ax-les-Thermes et de Villefranche-de-Conflent ou de Prades à Perpignan ou *vice versa*, soit le trajet Carcassonne à Rivesaltes ou *vice versa* par celui de Carcassonne à Quillan ou *vice versa*.

PUBLICITÉ SPÉCIALE

J.-L. ROULEAU

16, Rue Brizard, BORDEAUX

RHUM DES PLANTATIONS ST-ESPRIT

23 MÉDAILLES
argent et or
ET DIPLOMES D'HONNEUR

MEMBRES DU JURY
aux
GRANDES EXPOSITIONS

MÉDAILLE D'OR A L'EXPOSITION DE BORDEAUX 1895

La plus haute récompense et la seule médaille d'or décernée aux rhums de marques en bouteilles.

DÉPOT GÉNÉRAL : 15, rue Camille-Godard, 15, BORDEAUX

FOURNISSEURS DU GRAND-HOTEL, PARIS

MATÉRIEL AGRICOLE DE LA GIRONDE

G. PRIMAT

Lauréat des Expositions Universelles de Paris 1878 et 1889
BORDEAUX, rue d'Arès prolongée, 86 et 88

100 médailles d'or
d'argent et de bronze.

EXPOSITION de PARIS 1889
PREMIER PRIX

EXPOSITION de BORDEAUX 1895
DIPLOME D'HONNEUR

MAISON FONDÉE EN 1842

CAVES DU MÉDOC

Maison **A** : 1, rue Huguerie, et 3, place de Tourny.
Maison **B** : 180, r. Sainte-Catherine, et 127, c. Victor-Hugo.

BORDEAUX

VINS FINS DE BORDEAUX, BOURGOGNE, CHAMPAGNE

Liqueurs et Rhums des premières marques.

Expéditions immédiates de caisses assorties au choix de l'acheteur pour dîners, excursions, parties de chasse, de campagne.

VINS de BORDEAUX en BARRIQUES et DEMI-BARRIQUES

Comptoir et chais : 65, rue du Jardin-Public.

FERET ET FILS

LIBRAIRES-ÉDITEURS

15, cours de l'Intendance, **BORDEAUX**

SPÉCIALITÉ D'OUVRAGES D'HISTOIRE LOCALE

GRAND ASSORTIMENT
D'OUVRAGES VINICOLES ET VITICOLES

BIBLIOTHÈQUE CIRCULANTE
3,000 volumes, romans, littérature, histoire, voyages.

LIVRES CLASSIQUES. PAPETERIE

ÉTABLISSEMENT D'HORTICULTURE

C.-B. DUPRAT Fils
61, rue Benatte, Bordeaux

Diplôme d'honneur, Bordeaux 1882. — Dix prix d'honneur aux Expositions horticoles de Bordeaux, Toulouse et Pau. 1er Prix à Gand (Belgique) 1888.
EXPOSITION INTERNATIONALE DE BORDEAUX 1895
Six diplômes d'honneur, huit médailles d'or et Grand prix d'honneur, deux vases de Sèvres offerts par M. le Président de la République à l'horticulteur qui, par l'importance et le mérite de ses produits, a le plus contribué à l'ornementation de l'Exposition.

Plantes ornementales d'appartements, serres et jardins d'hiver.

Les collections les plus complètes et les plus importantes de la région

---

MAISON J. SARRAUTE

FLEURS et MODES
SPÉCIALITÉ DE FLEURS NATURELLES

ARTICLES MORTUAIRES

BORDEAUX. — 15, rue Vital-Carles. — BORDEAUX

LIBRAIRIE BOURLANGE
Galerie Bordelaise, 15, 16, 17 et 19

LIVRES D'OCCASION ET NEUFS

Abonnement à la lecture des livres nouveaux.

GRAND ASSORTIMENT DE COLLECTIONS

CRÉDIT A TOUS

A LA PORTE DU PALAIS

Seule et unique Maison faisant

6, 8, 12, 18 et 24 MOIS DE CRÉDIT

POUR

MEUBLES DE TOUTES SORTES

Sommiers, Matelas, Chaises et Fauteuils

GLACES ET PENDULES

COSTUMES

POUR HOMMES ET ENFANTS

tout faits et sur mesure
depuis 25 francs

Étoffes de robes pour Dames
TOILES FILS ET COTON, CHAUSSURES

A LA PORTE DU PALAIS
10, Place du Palais, 10
près les Quais.

ATTENTION!!! 25 fr.

LES SOMMIERS TOUT FAITS ET SUR MESURE

RESSORTS D'ACIER GARANTI

Recouverts d'un beau coutil.

Depuis 25 francs.

LES SEULS RÉCOMPENSÉS A L'EXPOSITION DE BORDEAUX 1895

GRANDS MAGASINS DU SIÈCLE

25, cours d'Alsace-et-Lorraine, 25

TAPIS ET LITERIE

Elie BERNAT

11, — cours de Tourny, — 11

BORDEAUX

TAPIS DE LAINE, NATTES, SPARTERIE, COCO, PAILLASSONS
TOILES CIRÉES D'APPARTEMENT, ESCALIERS ET TABLES
LINOLEUM, DESCENTES DE LIT, FOYERS CARPETTES ET STORES
LITS DE CUIVRE ET DE FER, BERCEAUX ET LITS D'ENFANTS
SOMMIERS ÉLASTIQUES, LAINES ET CRINS POUR MATELAS, PLUMES, DUVETS
COUVERTURES DE LAINE ET DE COTON

GARDE ET CONSERVATION DE TAPIS ET DE NATTES

Épuration de Laines et Plumes par la vapeur *(Système breveté.)*

RÉPARATIONS — FAÇON DE MATELAS

ÉTABLISSEMENT SPÉCIAL POUR LA CONSERVATION DES TAPIS

Cours d'Ornano (Saint-Augustin).

HERVÉ & MOULIN

SUCCESSEURS DE LOBIS

Constructeurs brevetés S. G. D. G.

ALAMBICS RECTIFICATEURS SPÉCIAUX

POUR LIQUORISTES, PARFUMEURS ET PHARMACIENS

MATÉRIEL DE LABORATOIRE A VAPEUR ET A FEU NU

pour fruits, liqueurs et conserves alimentaires

APPAREILS A SIPHONS POUR BOISSONS GAZEUSES

Rue Sainte-Catherine, 205, et rue Labirat, 2 et 4

BORDEAUX

www.ingramcontent.com/pod-product-compliance
Lightning Source LLC
Chambersburg PA
CBHW051901160426
43198CB00012B/1697